LA PHILOSOPHIE
DE THOMAS D'AQUIN

REPÈRES

DANS LA MÊME COLLECTION

La philosophie de Francis Bacon, par Michel Malherbe, 2011.

La philosophie de Bergson, par Anne-Claire Désesquelles, 2011.

La philosophie de Nelson Goodman, par Jacques Morizot et Roger Pouivet, 2011.

La philosophie de Raymond Ruyer, par Fabrice Louis et Jean-Pierre Louis, 2014.

La philosophie de John Dewey, par Stéphane Madelrieux, 2016.

La philosophie de Descartes, par Denis Moreau, 2016.

La philosophie de Kant, par Antoine Grandjean, 2016.

REPÈRES PHILOSOPHIQUES

Directeurs : Ruedi IMBACH et Michel MALHERBE

LA PHILOSOPHIE
DE THOMAS D'AQUIN

REPÈRES

par

Ruedi IMBACH et Adriano OLIVA

PARIS

LIBRAIRIE PHILOSOPHIQUE J. VRIN

6 place de la Sorbonne, V ᵉ

2016

Les sections II et III de cet ouvrage sont tirées et adaptées du chapitre « Thomas von Aquin », dans le *Grundriss der Geschichte der Philosophie*. Begründet von Friedrich Ueberweg. Völlig neubearbeitete Ausgabe. Herausgegeben von Helmut Holzhey : *Die Philosophie des Mittelalters*, vol. 4, 13. Jahrhundert, édité par Peter Schulthess (Basel : Schwabe)
© by Schwabe AG, Basel. All rights reserved
Ces sections II et III ont été traduites par Catherine König-Pralong.

© *Librairie Philosophique J. VRIN*, 2009
Imprimé en France

ISSN 2105-0279
ISBN 978-2-7116-2232-0

www.vrin.fr

AVANT-PROPOS

> *De même que, dans les procès nul ne peut juger sans avoir entendu les arguments des deux parties, de même celui qui s'adonne à la philosophie sera en meilleure posture pour porter un jugement s'il a écouté tous les arguments des positions qui s'affrontent.*
>
> Thomas d'Aquin

Si l'activité philosophique peut être assurément comparée au voyage, cela vaut d'autant plus du travail de l'historien de la philosophie : étudier un auteur du passé, c'est aller ailleurs, se dépayser. Le déplacement dans un pays inconnu est facilité par les cartes géographiques et par les guides de voyage. Ceux-ci ne remplacent pas le voyage lui-même, mais ils le facilitent. Le livre que le lecteur tient en main peut être comparé à un guide de voyage : il voudrait aider le lecteur à découvrir la pensée philosophique de Thomas d'Aquin, à se déplacer et se mouvoir dans cet univers que représente l'œuvre intellectuelle du dominicain italien. Le sous-titre indique ce propos : nous souhaitons offrir des repères, à savoir des « marques servant à retrouver un lieu ».

Un tel guide ne peut en aucun cas remplacer ce qui constitue l'essentiel de l'activité philosophique : *penser par soi-même*, mais il peut donner des indications pour se mouvoir soi-même. Dans cet esprit, ce petit volume veut en premier lieu informer sur ce que Thomas a dit, mais il souhaite aussi donner l'indication précise des endroits où il s'est exprimé sur tel ou tel sujet. Pour cette raison, les références y sont, en effet, très abondantes. Nous désirons également permettre au lecteur de s'orienter dans la littérature secondaire, lui indiquer comment il peut approfondir son étude. D'où le caractère austère de ce livre. Nous avons préféré l'utilité à l'élégance. Étienne Gilson, dans sa préface à une anthologie sur la pensée éthique de Thomas, parue chez Vrin, a parfaitement résumé en quoi consiste, dans un premier temps au moins, l'humble tâche de l'historien de la philosophie : « La fin que vise tout historien de la philosophie, c'est de remettre ses lecteurs, le plus tôt possible et le plus sûrement possible, entre les mains des grands philosophes ; c'est de leur apprendre à les lire, pour qu'ils réapprennent avec eux comme l'on doit penser. »

Un tel projet semble à première vue contredire ce que Thomas d'Aquin affirme lui-même : « L'étude de la philosophie n'est pas destinée à nous faire connaître ce que les hommes ont pensé, mais comment sont les choses en vérité » (*De caelo*, I, lect. 22, n. 228). Il faut cependant se rendre compte que le chemin pour atteindre ce but élevé est long et demande beaucoup de patience et de labeur. Thomas lui-même reconnaît ailleurs que l'analyse de ce que les autres ont pensé est indispensable pour avancer dans la recherche de la vérité : « Quiconque veut scruter la vérité est aidé de deux manières par les autres. Nous recevons un secours direct de ceux qui ont déjà trouvé la vérité. Les parcelles de vérité découvertes par chacun des prédécesseurs réunies ensemble, introduisent les successeurs à une grande connaissance de la vérité. Les penseurs sont en outre aidés indirectement par leurs prédécesseurs en ce que les erreurs de ceux-ci ont fourni à leurs successeurs l'occasion de découvrir la vérité par un examen plus attentif. Il est juste que nous soyons reconnaissants à tous ceux qui nous ont aidés à conquérir ce si grand bien qu'est la connaissance de la vérité » (*Metaph*. II, lect. 1, n. 287).

Thomas d'Aquin fut un *théologien* – de métier et par conviction. Cependant, son œuvre comporte des écrits explicitement philosophiques, au sens où ils procèdent de façon spécifiquement philosophique. Par ailleurs, dans la mesure où elle peut être envisagée plus généralement comme produit de la raison humaine, son œuvre *théologique* fait elle-même partie de l'histoire de la rationalité humaine; elle contient des thèses et des innovations qui eussent été impossibles sans impulsion philosophique et qui ont joué le rôle d'incitations à penser au sein même de la tradition philosophique. En outre, Thomas a développé une conception cohérente de la nature, de la structure et de la fonction de la philosophie, en elle-même et pour elle-même aussi bien que dans ses rapports à la théologie comme *sacra doctrina*; il l'a exposée et a cherché à la perfectionner tout au long de sa carrière d'intellectuel. Ces thèses, ces arguments et ces doctrines philosophiques feront l'objet du présent opuscule.

Le plan de notre initiation à la pensée philosophique est simple : après une brève biographie de l'auteur, une deuxième partie donne un aperçu synthétique des idées et des arguments philosophiques dans l'œuvre de Thomas. Dans la troisième partie, sont présentées treize œuvres majeures de l'auteur. La brève postface, par laquelle nous prenons congé des lecteurs, explique un détail de la célèbre fresque que Filippino Lippi a consacré à Thomas d'Aquin dans l'église de la Minerve à Rome (1492 c.), détail qui orne la couverture de notre livre.

Les sections II et III, rédigées par R. Imbach, sont une adaptation de l'article consacré à Thomas d'Aquin dans le volume consacré au XIIIᵉ siècle du « Grundriss der Geschichte der Philosophie » qui paraîtra chez Schwabe (Bâle). Le séjour au *Wissenschaftskolleg* de Berlin durant l'année 2008/2009 a rendu possible la rédaction de ces deux textes. L'éditeur Schwabe et le professeur Peter Schulthess nous ont aimablement autorisé la reprise de ces matériaux. La biographie et la postface sont dues à A. Oliva. Nous remercions Catherine König-Pralong pour la traduction des sections II et III de l'allemand, ainsi que le P. Daniel Ols pour les conseils dont il a bien voulu nous faire bénéficier.

Nous invitons les lecteurs à aborder la consultation de notre ouvrage dans l'état d'esprit que Thomas lui-même décrit en faisant, dans son commentaire de la *Métaphysique*, l'éloge du doute : « Ceux qui veulent chercher la vérité sans avoir préalablement posé le problème (*dubitationem*) sont pareils à des gens qui ne savent pas où ils vont. Pourquoi cela ? Car ce que vise celui qui marche, c'est le terme du chemin ; pareillement, l'élimination du problème est la fin que vise celui qui cherche la vérité. Or il est clair que celui qui ne sait où il va ne peut y aller directement, à moins d'un hasard ; par conséquent, on ne peut directement rechercher la vérité si l'on ne perçoit pas le problème auparavant » (*Metaph.* III, lect. 1, n. 340, *cf.* Putallaz 1998, p. 170).

Berlin-Paris

Ruedi IMBACH
Adriano OLIVA

LISTE DES ABRÉVIATIONS DES ÉDITIONS
LATINES DES ŒUVRES DE THOMAS D'AQUIN

Leonina	Sancti Thomae Aquinatis doctoris angelici Opera omnia iussu Leonis XIII. P.M. edita, cura et studio fratrum praedicatorum (edition critique)
Anal.	*Expositio Libri* Posteriorum, Leonina, 1*/2 (1989)
De an.	*Sententia libri* De anima, Leonina, 45/1 (1984)
De anima	*Quaestiones disputatae* De anima, Leonina 24/1 (1996).
De caelo	*S. Thomae Aquinatis doctoris angelici in Aristotelis libros* De caelo et mundo, De generatione et corruptione, Meteorologicorum *expositio cum textu ex recensione leonina* cura et studio P. Fr. Raymundi M. Spiazzi, O.P., Taurini, Romae, Marietti, 1952.
De causis	*Sancti Thomae de Aquino super librum* De causis *expositio,* par H.D. Saffrey, O.P., Fribourg, Louvain, 1954, réédition Paris, Vrin, 2003.
De div. nom.	*S. Thomae Aquinatis doctoris angelici O.P. in librum beati Dionysii* De divinis nominibus *expositio* cura et studio fr. Ceslai Pera O.P. cum introductione historica Sac. Petri Caramello et synthesi doctrinali Prof. Caroli Mazzantini, Taurini, Romae, Marietti, 1950.
De ente	*De ente et essentia,* Leonina, 43, 369-381 (1976)
De malo	*Quaestiones disputatae* De malo, Leonina, 23 (1982).
De perf.	*De perfectione spiritualis uitae,* Leonina, 41 C (1970).

De potentia   S. *Thomas Aquinatis doctoris angelici Quaestiones disputatae.* Volumen II. De potentia – De anima – De spiritualibus creaturis – De unione verbi incarnati – De malo – De virtutibus in communi – De caritate – De correctione fraterna – De spe – De virtutibus cardinalibus, cura et studio P. Bazzi, M. Calcaterra, T.S. Centi, E. Odetto, P.M. Pession in Studio Generali Fratrum Praedicatorum Taurinensi S. Theologiae Lectorum. Editio VIII revisa, Taurini, Romae, Marietti, 1949.

De princ.   *De principiis naturae*, Leonina, 43, 39-47 (1976).

De regno   *De regno ad regem Cypri*, Leonina, 42, 449-471 (1979).

De sub.   *De substantiis separatis*, Leonina, 40 D (1967-1968).

De trin.   *Super Boetium* De Trinitate, Leonina, 50, 75-171 (1992).

De unitate   *De unitate intellectus contra Averroistas*, Leonina, 43, 291-314 (1976).

De veritate   *Quaestiones disputatae de veritate*, Leonina, 22 (1970-1976).

Eth.   *Sententia libri* Ethicorum, Leonina, 47 (1969).

In Ioh.   *S. Thomae Aquinatis doctoris angelici Super evangelium S. Ioannis lectura* cura P. Raphaelis R. Cai O.P., editio VI revisa, Taurini, Romae, Marietti, 1972.

Iob   *Expositio super Iob ad litteram*, Leonina, 26 (1965)

Metaph.   S. *Thomae Aquinatis in duodecim libros* Metaphysicorum *Aristotelis expositio.* Editio iam a M.-R. Cathala, O.P. exarata retractatur cura et studio P. Fr. Raymundi M. Spiazzi, O.P. in Studio Generali Fr. Praedicatorum Taurinensi S. Theologiae et Philosophiae lectoris Taurini, Romae, Marietti, 1964.

Perih.   *Expositio libri* Peryermenias, Editio altera retractata, Leonina, 1*/1 (1989).

Phys.   *S. Thomae Aquinatis doctoris angelici in octo libros* Physicorum *Aristotelis expositio* cura et studio P.M. Maggiòlo O.P., Taurini, Romae, Marietti 1965.

Pol.   *Sententia libri* Politicorum, Leonina, 48 (1971).

Quodl.   *Quaestiones quodlibetales*, Leonina, 25, 1-2 (1996).

Sent.   *Sancti Thomae Aquinatis O.P. doctoris communis Ecclesiae Scriptum super libros* Sententiarum *magistri Petri Lombardi episcopi Parisiensis*, Editio nova cura R.P. Mandonnet, Paris, 1929, (livres I et II); Sancti Thomae Aquinatis O.P. doctoris communis Ecclesiae Scriptum super Sententiis magistri Petri Lombardi, recognovit atque iterum edidit R.P. Maria Fabianus Moos O.P., 2 vol., Paris, 1933, 1947 (livres III et IV, jusqu'à la distinction 22).

ScG   *S. Thomae Aquinatis doctoris angelici Liber de Veritate Catholicae Fidei contra errores Infidelium seu Summa contra Gentiles*, vol. II et III. Textus Leoninus diligenter recognitus. Cura et studio fr. Ceslai Pera o.p. coadiuv. D. Petro Marc o.s.b. in Abbatia Quarreriensi S. Theol. Lectore et D. Petro Caramello Prael. Palatino in Seminario Ripulitano Philos. Professore, Taurini, Romae, Marietti 1961.

ST   *Summa theologiae* : *Sancti Thomas de Aquino Summa theologiae*, editio tertia, Cinisello Balsamo, Editiones Paulinae, 1999. I = prima pars; I-II = prima secundae, II-II = secunda secundae, III = tertia pars.

Autres abréviations

a.	articulus
d.	distinctio
lect.	lectio
prol.	prologus
q.	quaestio

LA VIE DE THOMAS D'AQUIN

NAISSANCE DE THOMAS
ET PREMIÈRES ANNÉES DE FORMATION

Thomas d'Aquin naquit au temps de l'empereur Frédéric II, dans une région du royaume de Sicile à la frontière avec les États pontificaux, vers 1225 (d'une façon générale, on peut se référer, pour la biographie de Thomas, à Torrell 2002, ainsi qu'à Oliva 2009b, que nous reprenons en partie ici). Il grandit dans une famille de seigneurs au service de cet empereur, et son père était le gouverneur de la région, proche du théâtre sur lequel s'affrontèrent, à cette époque, les armées de l'empereur et celles qui combattaient pour le pape. Élevé, jusqu'à l'âge de cinq ans, dans le château fort de Roccasecca, Thomas fut ensuite conduit à l'abbaye voisine du Mont-Cassin, où il reçut sa première éducation intellectuelle. Probablement en 1239, quand l'abbaye est l'objet d'un violent conflit entre l'empereur et le pape, Thomas est envoyé au *Studium* universitaire de Naples, fondé par Frédéric II en 1224 et réformé par ce même empereur dix ans plus tard. Nous connaissons encore très mal cette première étape de la formation de niveau universitaire du jeune Thomas; cependant une lettre de 1239, écrite par les maîtres et les étudiants, atteste qu'à cette époque le *Studium* était en pleine activité et elle nous informe sur les matières enseignées à ce moment-là : les sciences du *quadrivium* (arithmétique, géométrie, astronomie, musique), la logique, la philosophie (y compris, probablement, la métaphysique) et la théologie (Tugwell 1988, p. 201-207, Delle Donne 1993 et 2009).

En 1242 probablement, Thomas d'Aquin entra dans l'Ordre des Frères Prêcheurs, à Naples et en 1246 il arriva à Paris, où enseignait frère Albert de Cologne, dit Albert le Grand. C'est pendant les années 1246-1248 que le jeune frère italien entra en contact avec l'université de Paris (Bataillon 1983), et il s'y imprégna – fait décisif pour la suite de sa carrière – de l'enseignement de la philosophie. Après une période surtout morale de trois ans à Cologne, où il avait été l'assistant de maître Albert, Thomas revint à Paris pour y lire – c'est-à-dire commenter – les *Sentences* de Pierre Lombard. Cependant, la carrière universitaire prévoyait, avant la lecture des *Sentences*, la lecture « cursive » de quelques livres de la Bible ; nous conservons le texte de cet enseignement biblique de Thomas : sa lecture sur les prophètes Isaïe et Jérémie (Torrell 2015, p. 51-62, Oliva 2007b, p. 238-241).

LE PREMIER ENSEIGNEMENT DE THOMAS À L'UNIVERSITÉ DE PARIS

À l'automne 1251, ou 1252 au plus tard, Thomas d'Aquin commença donc sa carrière d'enseignant à l'université de Paris, en lisant « cursorie » pendant un an deux livres de la Bible ; l'année suivante, il commença à commenter les *Sentences* : le premier et le deuxième Livre pendant l'année scolaire 1252-1253 ou 1253-1254 ; l'année suivante, il enseigna le troisième et le quatrième Livre. La rédaction du commentaire de chacun des Livres fut contemporaine ou suivit de peu l'enseignement de celui-ci : en effet, nous pouvons être certains que le modèle (*exemplar*) du commentaire au premier Livre était déjà disponible pour être copié, avant même que Thomas n'enseignât, l'année suivante, le traité sur la foi du troisième Livre (Oliva 2006, p. 164-166 et p. 207-224).

Le *Livre des Sentences*, composé par Pierre Lombard autour de 1160 quand il enseignait à l'école cathédrale de Paris, consiste en un recueil de textes, *sententiae*, extraits des œuvres des Pères de l'Église, et, comme l'explique Thomas (*In I Sent.*, d. 2, div. text., p. 57-58), organisés en deux parties : la première traite des choses divines en tant qu'elles procèdent de leur principe (Livres I et II) ; la seconde les considère en tant qu'elles retournent vers leur fin (Livres III et IV).

Quand frère Thomas d'Aquin se consacre à cet enseignement, la méthode du commentaire sur le texte de Pierre Lombard est désormais fixée : l'étude de chaque partie commentée du texte des *Sentences* (*lectio*) s'ouvre par la division de cette partie et se termine par son exposition ; entre ces deux parties, il est désormais coutume d'introduire de vraies questions, subdivisées en articles. Le plan du commentaire suit nécessairement celui du *Livre des Sentences* de Pierre Lombard, mais les questions que Thomas développe sont souvent très originales et n'ont pas nécessairement un parallèle dans les commentaires d'autres auteurs contemporains.

L'enseignement « cursif » de la Bible et la lecture des *Sentences* constituaient les deux étapes fondamentales en vue de postuler la *licentia docendi*, qui introduisait à l'enseignement magistral. Thomas acheva l'enseignement des *Sentences* à la fin de l'année scolaire 1253-1254 ou, au plus tard, l'année suivante, 1254-1255. Cependant il n'obtint pas immédiatement la *licentia docendi* de la part du Chancelier, à cause des luttes entre clergé séculier et frères mendiants qui agitaient l'université de Paris à cette époque, et le pape dut intervenir en mars 1256 en faveur de Thomas et de Bonaventure de Bagnoregio, afin que les deux frères mendiants pussent devenir maîtres régents, c'est-à-dire titulaires d'une chaire (Verger 2007, p. 125-140).

Les tâches des professeurs de théologie dans l'université du moyen âge sont bien décrites par la célèbre triade de Pierre le Chantre, dans son *Verbum abbreviatum* : *legere, disputare, praedicare* (PL 205, 25 A ; CCCM 196, p. 9). *Legere*, c'est-à-dire commenter la Bible, était certainement le devoir principal d'un maître ; malheureusement nous ne connaissons pas, à ce jour, le commentaire élaboré par Thomas à cette époque. *Disputare*, c'est-à-dire tenir des séances de disputes sur des sujets choisis par le maître ; dans le cas de Thomas, il s'agit des *Questions disputées sur la vérité*, un corpus de vingt-neuf longues questions, qui abordent différents thèmes (la vérité, la justification, la grâce du Christ, etc.). Les professeurs particulièrement brillants s'exposaient aussi à soutenir des disputes dites *de quolibet*, ou quodlibétiques, parce que le sujet (ou les sujets) était choisi non à l'avance par le maître, mais par le public lors de la séance (Bazan 1985). Nous conservons une série de cinq disputes quodlibétiques soutenues par maître Thomas pendant ces trois premières années d'enseignement à l'université de Paris (Gauthier 1996).

Praedicare : les tâches d'un professeur de théologie comportaient aussi celle de prêcher aux étudiants et aux autres professeurs. Nous conservons une série de prédications universitaires de Thomas, dont la plupart remontent cependant à son second enseignement parisien ; il y manifeste une grande considération pour ses auditeurs et une profonde humanité (Bataillon 1988, Oliva 2007b, p. 248-255).

Lors de cette première période de son enseignement, Thomas jette les bases de toute sa recherche postérieure. On le constate en comparant certains textes du *De ueritate* avec les passages parallèles du commentaire des *Sentences*, par exemple. Il commence aussi une relecture des sources, comme Chrysostome et Augustin, entre autres. Il commente le *De Trinitate* de Boèce, tandis que le commentaire du *De ebdomadibus* pourrait dater du dernier séjour à Paris. Il entreprend la rédaction d'un ouvrage dont l'occasion reste mystérieuse : le *Liber de ueritate catholicae fidei contra errores infidelium* ou *Somme contre les gentils*, qu'il achèvera en Italie. Cette somme comporte quatre livres, dont les trois premiers traitent des vérités qui sont professées par la foi, mais qui sont également accessibles à la raison naturelle et que l'on rencontre chez les philosophes et les Pères de l'Église (*sancti*); en revanche, dans le quatrième livre, on se tourne vers les vérités inaccessibles à la raison et connues uniquement grâce à la Révélation chrétienne et on les défend des attaques qui peuvent être portées contre elles, en montrant que, si elles sont au-delà de la raison, elles ne lui sont cependant pas contraires. Il s'agit d'un ouvrage qui montre bien la vocation de sagesse à laquelle Thomas s'est consacré, comme il l'écrit lui-même au chapitre 2 du premier Livre : « De toutes les études des hommes, celle de la sagesse est la plus parfaite, la plus haute, la plus utile et la plus agréable. [...] l'étude de la sagesse unit principalement à Dieu par l'amitié. [...] Ayant puisé dans la miséricorde divine la confiance de pouvoir assumer la tâche du sage, bien que cela dépasse nos propres forces, notre intention est de mettre en lumière, selon notre mesure, la vérité que professe la foi catholique, tout en réfutant les erreurs contraires : car, pour reprendre les mots d'Hilaire, *la tâche principale de ma vie, à laquelle je me sens en conscience obligé devant Dieu, c'est que toutes mes paroles et tous mes sentiments parlent de lui* » (*ScG* I, c. 2).

THOMAS ENSEIGNANT EN ITALIE : À ORVIETO ET À ROME

Ayant achevé, en 1259, son premier mandat comme professeur de théologie, Thomas rentre en Italie, dans sa province religieuse, probablement dans le couvent de Naples, dont il est fils, y ayant été reçu dans l'Ordre dominicain une quinzaine d'années auparavant. C'est seulement en septembre 1261 que le chapitre provincial de la Province Romaine, dont dépendait alors toute l'Italie centrale et méridionale, assigne Thomas à Orvieto pour qu'il assure l'enseignement au couvent de la ville. Il y restera quatre ans. En cette même année 1261, Urbain IV installe sa curie à Orvieto, ville située à cent kilomètres environ au nord de Rome. Conformément aux Constitutions de l'Ordre, dans ce couvent d'Orvieto Thomas commente la Bible ; il tient probablement des questions disputées et il a pu aussi enseigner la théologie à partir des *Sentences* de Pierre Lombard, alors livre de base de la formation théologique ; de même, il a pu utiliser des sommes pour les confesseurs, destinées à la formation morale et juridique (Boyle 2000, p. 13-91, Oliva 2009b). De l'enseignement de Thomas dans ce couvent, nous conservons surtout le remarquable commentaire au livre de Job, commentaire rédigé avec beaucoup de soin, dont la doctrine de la providence est parallèle à celle du livre III de la *Somme contre les gentils*, ouvrage que Thomas achève à Orvieto. Dans un cadre théologique, ce commentaire nous offre une réflexion métaphysique sur la providence et le gouvernement divin des choses naturelles, ainsi qu'une profonde analyse du drame du juste affligé sans cause. Ce commentaire permet, en outre, de voir comment Thomas était attentif aux nouvelles traductions d'Aristote faites par son confrère Guillaume de Moerbeke à partir du grec ; cela ne l'empêchait pas cependant de continuer à citer également les traductions plus anciennes qu'il avait probablement en mémoire (Dondaine 1965, p. 28*-30*).

Pendant cette période, Thomas profite largement de la bibliothèque de la curie pontificale pour réaliser un autre ouvrage tout à fait remarquable : un commentaire continu des quatre évangiles, verset par verset, fait à partir de brefs extraits de Pères grecs et latins et appelé plus tard *Catena aurea*. Si pour le premier tome, sur Matthieu, dédicacé au pape Urbain IV († 2 oct. 1264), Thomas a travaillé uniquement avec les textes qu'il avait alors à sa disposition, pour les trois évangiles suivants il a en outre fait traduire des textes du grec. Dans l'ensemble, la présence des Pères grecs est massive, avec cinquante-sept auteurs, alors que les Pères latins ne sont représentés que par vingt-deux auteurs. Pour autant qu'il le peut, Thomas indique l'auteur de la citation. Dans la ligne des grandes entreprises parisiennes réalisées autour d'Hugues de Saint-Cher, pour la révision et l'étude de la Bible, et autour de Vincent de Beauvais, avec ses recueils encyclopédiques, cette initiative de Thomas a eu une grande influence pour la diffusion de la théologie grecque au moyen-âge. Thomas lui-même s'en est servi en rédigeant ses ouvrages postérieurs.

Lors de ce séjour auprès de la curie Thomas est aussi très sollicité à donner des avis en tant qu'expert sur différentes questions : sur *L'achat et la vente à crédit* (*De emptione et venditione ad tempus*), à la demande de son confrère, le lecteur du couvent de Florence, ville de banquiers fameuse ; *Contre les erreurs des Grecs*, à la demande du pape Urbain IV : il ne s'agit pas là d'un traité sur les différences entre les traditions latine et grecque, mais plutôt de l'examen d'un opuscule, le *Liber de fide Trinitatis*, considéré par Thomas avec beaucoup de bienveillance. L'examen en cause est important pour la méthode suivie et pour les observations faites à propos des traductions d'une langue dans une autre. Toujours à cette époque, il commente les deux premières décrétales à la demande de Giffredus d'Anagni et pour l'archevêque de Palerme il écrit *Les Articles de la foi et les sacrements de l'Église*. Encore à la demande du pape, il compose le très bel *Officium Corporis Christi*, c'est-à-dire la liturgie pour la Fête-Dieu, dans lequel la doctrine scripturaire et théologique est exprimée dans un langage poétique qui s'inspire des textes bibliques.

L'année suivante, Thomas est chargé par le chapitre provincial de la Province Romaine de créer un centre d'étude à Rome et d'être responsable des frères étudiants qui s'y trouvaient. C'est dans ce contexte que naît la *Somme de théologie*.

À Rome, la tâche la plus importante de Thomas a été certainement l'enseignement de la Bible; il y continua l'exposition des lettres de saint Paul, qu'il avait probablement commencée à Orvieto ou même à Paris.

Grâce au témoignage de Ptolémée de Lucques, premier biographe de Thomas, on sait qu'à Rome, frère Thomas enseigne les *Sentences*, au moins le Ier Livre, d'une manière comparable à celle qu'il avait déjà pratiquée à Paris. Sans que cela soit certain, il est cependant vraisemblable que ce soit ce commentaire romain qui nous est conservé en partie dans les marges d'un manuscrit italien qui se trouve à Oxford : *Lincoln coll. lat. 95*; ces fragments ont été récemment édités (Boyle 2006, Oliva 2009a).

C'est dans ce cadre de la formation des jeunes étudiants de la Province romaine que Thomas conçoit le projet d'écrire sa *Somme de théologie*.

Destinée en premier lieu aux dominicains qui étaient formés par les lecteurs dans les couvents de l'Ordre (aux dominicains et aux autres étudiants qui fréquentaient les écoles conventuelles) la *Somme de théologie* n'avait pas pour but de remplacer l'enseignement des *Sentences* : d'une part, parce que les lecteurs étaient libres d'organiser les études selon les capacités des auditeurs ; de l'autre, parce que l'enseignement des *Sentences* était obligatoire non seulement dans les *studia generalia*, mais aussi dans les autres couvents, dans la mesure où le lecteur était capable de le dispenser et les auditeurs de le recevoir (Mulchahey 1998, p. 134-138). S'il y avait des livres que la *Somme* de Thomas aurait pu remplacer, c'étaient plutôt des sommes comme la *Summa de casibus* de Raymond de Pennafort ou la *Summa de vitiis et virtutibus* de Guillaume Peyraud, car l'enseignement de ce genre d'ouvrages présentait précisément les défauts dont Thomas parle dans le prologue général de sa *Somme* et auxquels il veut porter remède par son ouvrage. En effet, ces autres sommes n'insèrent pas le sujet dont elles traitent dans un contexte de théologie spéculative qui aurait imposé un ordre systématique à la matière et aurait en même temps favorisé la pratique de l'enseignement, en évitant les questions inutiles et les répétitions fastidieuses.

L'ampleur du projet que forme Thomas en rédigeant la *Somme* apparaît déjà dans le prologue général, où il utilise presque comme synonymes les expressions *catholica veritas*, *Christiana religio*, *sacra doctrina*, mais c'est dans ce que l'on peut appeler le prologue de la *I Pars*, placé au début de la q. 2, que Thomas nous explique le plan de l'œuvre et donc l'ordre selon lequel il entend traiter ce qui concerne la religion chrétienne, de façon qui soit conforme aux exigences de l'instruction de ceux qui débutent dans les études. Il ne faut pas oublier

que, comme il le dit dans ce prologue général, la visée pédagogique est un élément qui intervient dans l'organisation de la
matière traitée (Oliva 2009b).

Après avoir exposé, dans la question 1, sa notion de *sacra
doctrina* (Oliva 2007a), Thomas nous dit comment il organise
la *Summa* : « Puisque le but principal de cette doctrine sacrée
est de transmettre la connaissance de Dieu, non pas seulement
selon ce qu'il est en lui-même, mais aussi selon qu'il est
le principe et la fin des choses, spécialement de la créature
raisonnable, comme il apparaît de ce qu'on a déjà dit, nous
exposerons donc cette doctrine en traitant d'abord de Dieu ;
ensuite, du mouvement de la créature rationnelle à Dieu ;
enfin, du Christ qui, en tant qu'homme, est la voie par laquelle
nous pouvons tendre vers Dieu » (*I Pars*, q. 2, prol.). La division en trois parties est nette dès le début et l'on voit bien, en
particulier, comment la christologie ne se présente pas, quoi
qu'on ait pu en dire, comme une pièce rapportée, mais s'insère
harmonieusement dans le processus du *reditus* vers la fin, qui
est Dieu. De même, dans cette esquisse préliminaire apparaît
déjà la connexion entre la *II^a* et la *III^a Pars* : en effet, après
avoir montré dans la *II^a Pars* la façon dont l'homme, en tant
que créature rationnelle, est capable de retourner vers sa fin,
dans la *III^a Pars*, Thomas nous montre comment cela est
possible dans notre réalité humaine actuelle : à travers le Christ
et les mystères de sa vie humaine et à travers les sacrements
qu'il a laissés.

L'autre tâche à laquelle Thomas s'adonna à Rome fut
la rédaction de plusieurs séries de questions disputées : *De
potentia Dei*, *De anima*, *De spiritualibus creaturis*. Si l'on
considère que le lecteur conventuel devait assurer, s'il en était

capable, des disputes publiques, on est en droit de penser que ces questions sont le reflet, bien que lointain, de l'enseignement de Thomas à Sainte-Sabine, même si, comme l'a relevé le P. Gauthier, la rédaction actuelle des questions ne permet pas de trouver des exemples de dispute réelle (Torrell 2015, p. 211-231).

C'est aussi pendant cette période que Thomas entreprend un autre projet qui, comme la *Somme*, restera incomplet : écrire un commentaire du corpus des œuvres d'Aristote. Comme l'a bien montré R.A. Gauthier, Thomas se livre à cet exercice en rédigeant en parallèle la *Somme de théologie* et le commentaire d'un ouvrage d'Aristote qui correspond à l'argument qu'il est en train de traiter dans la *Somme* : c'est ainsi qu'à Rome, pendant qu'il rédige la partie de la *Somme* qui concerne l'homme, il commente le *De anima* d'Aristote. À Paris, quelques années plus tard, il fera la même chose pour la partie éthique de la *Somme*, en commentant parallèlement l'*Éthique à Nicomaque*. De même, le commentaire sur les *Noms divins* du Ps.-Denys, rédigé à Rome parallèlement à la *Somme de théologie*, pourrait avoir la même fonction utilitaire.

Pendant le séjour d'Orvieto, mais aussi à Rome, Thomas est amené à répondre par écrit à des questions diverses. En plus de cela, il rédige l'opuscule *De regno* et un important ouvrage de synthèse, le *Compendium theologiae*, dédié à Raynald de Piperno, son secrétaire principal (*socius continuus*) ; ce *Compendium* est organisé, comme l'*Enchiridion* d'Augustin, autour des trois vertus théologales, mais Thomas n'a pas porté à son terme cet ouvrage et a traité seulement de la foi et de l'espérance (Torrell 2007).

LE SECOND ENSEIGNEMENT DE THOMAS
À L'UNIVERSITÉ DE PARIS

Rappelé en 1268 à Paris, à cause d'une nouvelle période de luttes et de turbulences qui agitent l'Université, Thomas enseigne une seconde fois comme maître régent et doit faire face à une double série d'attaques : de la part du clergé séculier contre la vie religieuse mendiante, et de la part de ses collègues universitaires, sur plusieurs points de doctrine, notamment l'éternité du monde et l'unité de l'intellect. Les prises de position de Thomas dans ces débats nous sont conservées dans les questions *de quolibet* et dans certains sermons ; elles sont également reprises dans la *Somme de théologie*, mais elles ont surtout fait l'objet d'opuscules séparés, notamment le *De perfectione spiritualis uitae, Contra doctrinam retrahentium a religione, De unitate intellectus, De aeternitate mundi*. Nous avons cependant déjà rappelé que sa première tâche reste alors l'enseignement de la Bible ; de ces années nous conservons son commentaire sur l'évangile de saint Matthieu et celui sur l'évangile de saint Jean.

La deuxième tâche qu'il doit remplir est la tenue de disputes ; cette fois-ci Thomas aborde les questions suivantes : le mal, les vertus, et, probablement, une question sur le Verbe incarné. En outre, il dispute les quodlibets I-VI et XII.

Son activité de commentateur d'Aristote est très intense en cette période : *Sententia libri de Sensu* et *De memoria* ; *Sententia libri Meteororum* (inachevée) ; *Expositio libri Physicorum* ; *Expositio libri Periermenias* (inachevée) ; *Sententia libri Ethicorum* ; *Sententia libri Politicorum* (inachevée) ; *Expositio libri Posteriorum* (achevée à Naples) ; *Sententia libri Metaphysicae*. À ces commentaires il faut peut-être ajouter l'*Expositio libri Boethii De hebdomadibus* et, certainement, l'*Expositio Libri de causis*.

En parallèle au commentaire de l'*Éthique à Nicomaque*, Thomas rédige la *II^a Pars* de la *Somme de théologie*.

De cette période, nous conservons plusieurs sermons (Bataillon 1988) et également des opuscules et réponses d'expert.

LE DERNIER ENSEIGNEMENT DE THOMAS, À NAPLES, ET LA FIN DE SA VIE

Après un séjour à Paris de près de quatre ans, en juin 1272, Thomas est chargé par le chapitre provincial, réuni à Florence, de fonder un *Studium generale* à l'intérieur de la province, dans la ville qu'il voudra : Thomas choisit le couvent de Naples. C'est alors que, par une lettre du 31 juillet 1272, Charles d'Anjou, qui cherchait à relancer le *Studium* de Naples, invite en cette ville les étudiants de Paris, en grève depuis l'hiver de cette même année. Le roi de Sicile ne fut pas insensible à la décision de Thomas, décision qui, volontairement ou non, favorisait ses desseins : en octobre, il décida que, pour les dépenses qu'il aurait à faire, Thomas recevrait une once d'or par mois et cela pendant toute la période de son enseignement.

Mais, même dans le cas où, ce faisant, Thomas aurait entendu contribuer au projet du roi, ce ne fut certainement pas là la seule raison de son choix : d'une part, le chapitre provincial de 1269 avait déjà retenu Naples et Orvieto, comme villes où deux *studia generalia theologiae* devraient être créés ; en outre le chapitre provincial de 1272 avait aussi établi à Pise un *studium artium* ; d'autre part, Thomas entretenait déjà des liens très étroits avec sa région d'origine : d'abord, avec sa propre famille (il sera même exécuteur testamentaire de son beau-frère, Roger de l'Aquila, comte de Traetto, décédé le 26 août 1272) ; ensuite, avec le clergé de la région, ce que manifeste le fait que, même quand Thomas était encore à Paris, c'est en considération de la dignité de la personne de celui-ci que plusieurs prélats accordent aux Frères Prêcheurs de fonder des couvents dans leur diocèse (Oliva 2009b).

Cette sollicitude de Thomas pour les affaires familiales et locales ne diminue en rien l'intensité exceptionnelle du travail scientifique de Thomas pendant cette dernière période d'enseignement, qui dure un peu plus d'un an, de septembre 1272 jusqu'au début décembre 1273. On ne conserve aucun témoignage de disputes soutenues pendant cette période, mais l'on constate que, pour ce qui regarde l'enseignement sur la Bible, Thomas a commenté alors les cinquante-quatre premiers psaumes et l'on pense qu'il a pu reprendre son cours sur le *corpus* paulinien. Le prologue du commentaire au *Psautier* est révélateur de l'attitude de Thomas dans sa prière liturgique : « le psautier contient toute l'Écriture », aussi bien le *Premier* que le *Second Testament*; « tout ce qui dans les autres Livres est traité selon un genre littéraire précis, se trouve ici sous forme de louange et de prière ». La prédication a été également très intense, avec une série de prédications sur le *Notre Père* et, peut-être, une sur le *Credo*.

La rédaction de la *III^a Pars* de la *Somme de théologie* a certainement occupé une grande partie du travail de Thomas : commencée à Paris, où il pourrait avoir rédigé une vingtaine de questions (soit environ un cinquième de l'ensemble) consacrées au mystère de l'Incarnation, la *Somme* fut continuée à Naples, où Thomas traita des mystères de la vie du Christ et des sacrements, jusqu'à celui de la pénitence.

À Naples Thomas a peut-être repris sa *Sentencia libri Metaphysicae* : on en conserve le manuscrit dicté en partie par Thomas lui-même; il y achève l'*Expositio libri Posteriorum*, il y commence la *Sentencia libri De celo* et celle sur le *De generatione*, qui sont restées toutes les deux inachevées. La faculté des Arts de l'Université de Paris, quelques mois après la mort de Thomas, écrira en 1274 au chapitre général des Dominicains réuni à Lyon, en demandant que lui soient remis les ouvrages promis par Thomas à son départ de Paris deux ans auparavant.

Épuisé par le travail, éprouvé par un événement mystique non sans conséquences sur son corps déjà très fatigué, au début de décembre 1273, Thomas se débarrasse de ses instruments pour écrire (*organa scriptionis*) et cesse aussi de dicter. À son secrétaire habituel, Raynald de Piperno, qui insistait pour qu'il reprenne la rédaction de la *Somme*, Thomas répond : « Raynald, je ne peux pas, car tout ce que j'ai écrit me semble de la paille » ; Raynald conduit alors Thomas se reposer chez sa sœur Theodora, près de Salerne, et, en bon secrétaire, dans ce contexte familial, il revient à la charge pour convaincre Thomas de reprendre sa production scientifique. Alors Thomas, après lui avoir demandé de ne rien révéler avant sa mort, lui dit : « Tout ce que j'ai écrit me semble de la paille par rapport à ce que j'ai vu et qui m'a été révélé ». Bien que son état physique ne se soit pas beaucoup amélioré, en janvier 1274, il entreprend le voyage pour le Concile de Lyon où le pape Grégoire X l'avait convoqué. En passant au pied de l'abbaye du Mont-Cassin, il adresse une brève lettre aux moines qui lui avaient demandé une explication de leur Règle à propos du rapport entre l'infaillibilité de la prescience divine et la liberté humaine. Cette lettre, remarquable de clarté et de précision, nous assure que, malgré la maladie, les facultés intellectuelles de Thomas étaient intactes et qu'elles n'avaient été compromises ni par l'événement mystique ni par la maladie qui, en revanche, lui causait des difficultés dans la marche.

De Naples, en évitant la route côtière, la *via Appia*, Thomas partit vers Rome ; il emprunta la route intérieure qui passe par Capoue, le Mont-Cassin, descend vers Aquin et

Roccasecca, la région où il était né et avait grandi jusqu'à l'adolescence. De là, il se dirigea vers le château de sa nièce Françoise, à Maenza, à proximité de Frosinone, pour y séjourner. Les moines de l'abbaye voisine de Fossanova étaient venus lui rendre visite et, pendant leur séjour, Thomas était tombé à nouveau malade : il décida alors de rentrer avec les moines dans leur abbaye, ce qu'il fit en utilisant une monture. D'après le témoignage des moines, il y demeura environ un mois, jusqu'à l'aube du 7 mars 1274, où il acheva ses jours, n'ayant pas atteint la cinquantième année de sa vie.

LA PENSÉE DE THOMAS D'AQUIN

> *Homo proprie est id quod est secundum*
> *rationem. Et ideo ex hoc dicitur aliquis*
> *in seipso se tenere, quod tenet se in eo,*
> *quod convenit rationi.*
>
> *ST* II-II, q. 155, a. 1 ad 2.

NATURE ET DIVISION DE LA PHILOSOPHIE

Selon Thomas, la philosophie est œuvre de l'intellect, comme les autres sciences, et puisque l'opération de l'intellect consiste d'abord à reconnaître de l'ordre et à le réaliser (*ratio*, « cuius proprium est cognoscere ordinem », *De trin.*, 3a ; également *De caelo*, n. 1), la philosophie se laisse appréhender et diviser eu égard au concept d'ordre (voir Jordan 1986a). La proposition d'Aristote selon laquelle il revient au sage d'ordonner (« sapientis est ordinare », *Métaphysique* I, 2, 982a18) peut valoir comme fil conducteur de cette entreprise. Dans ce contexte « ordonner » peut être compris selon une double signification : comme saisie de l'ordre et comme production de l'ordre. Il existe en effet une relation essentielle entre l'ordre et l'intellect, puisque toute *ordinatio*, tout acte d'ordonner repose sur l'activité d'un être rationnel (*ScG* II, c. 24, n. 1005).

Dans ces conditions, il est possible de distinguer quatre types de relations de l'intellect à l'ordre, en tenant compte d'une part de la constitution de l'ordre, d'autre part de sa considération. On peut envisager comme des considérations de l'ordre les parties de la philosophie qui, selon la division aristotélicienne, constituent la philosophie spéculative. Dans ce cas, ce qui est connu précède en effet la raison humaine plutôt qu'il n'est produit par elle, comme le précise Thomas en accord avec Avicenne (*De trin.*, q. 5, a. 1).

En revanche, la relation de l'intellect à l'ordre est productrice non seulement dans le cas des activités artisanales qui entrent dans la grille des arts mécaniques (*artes mechanicae*), mais aussi dans le domaine de la philosophie pratique (*moralis philosophia*), dont la tâche est de reconnaître et de réaliser de l'ordre dans les opérations de la volonté. La logique se laisse également décrire comme une activité ordonnatrice de l'intellect. Pour obtenir une vue d'ensemble des disciplines, Thomas combine la division stoïcienne de la philosophie en logique, éthique et physique (*rationalis, moralis, naturalis*) transmise par Augustin, avec la bipartition aristotélicienne en philosophie spéculative et philosophie pratique; il divise en outre ces deux branches en physique, mathématique et métaphysique d'une part, éthique, économie et politique d'autre part (*Eth.*, prol.).

Logique. La logique ne constitue pas une partie de la philosophie théorique; elle est plutôt un instrument au service des autres sciences (*De trin.*, q. 5, a. 1 ad 2) et elle manifeste la nature réflexive de l'intellect (*intellectus*) et de la raison (*ratio*) : en effet, elle peut être interprétée comme une réflexion de l'intellect et de la raison sur leurs actes propres (*Anal.*, *prologus*, 3b). Thomas l'identifie à l'*Organon* du Stagirite. Telle que la présente Thomas, sa division interne se fonde sur les trois opérations de la raison et manifeste une parfaite correspondance entre les activités de la raison et l'ordre des écrits logiques d'Aristote. Les *Catégories* sont dédiées à la première opération de la *ratio*, la saisie des concepts; le traité *De l'interprétation* aborde la deuxième opération de la raison, l'attribution affirmative ou négative d'un prédicat à un sujet (*compositio, divisio*), alors que les différentes formes de raisonnement qui relèvent de la troisième opération de la raison font l'objet des autres écrits de l'*Organon*.

La tripartition de l'*Organon* reflète en outre les degrés de certitude et de fiabilité de l'argumentation : la certitude (*certitudo*) du syllogisme, dont il est question dans les deux *Analytiques* et qui relève de la partie judicative de la logique, repose sur sa forme (sur la figure du raisonnement) ou sur sa matière (sur la nécessité des prémisses); dans la partie inventive de la logique, on ne trouve par contre aucune certitude absolue du jugement, mais les propositions que l'on trouve sont de l'ordre de la probabilité (*Topique*), de la conjecture (*suspicio*; *Rhétorique*) et parfois l'opinion (*existimatio*) « s'infléchit vers une partie de la contradiction en raison d'une certaine représentation » (*Poétique*). Les raisonnements fallacieux font l'objet de la dernière partie de la *philosophia rationalis* (les *Réfutations sophistiques*).

Philosophie spéculative. Physique. Ce n'est pas seulement dans le cas de la logique que Thomas découvre une étonnante correspondance entre le corpus textuel aristotélicien, d'une part, et l'organisation des disciplines et de leurs objets propres, d'autre part. Quelque chose de semblable se produit aussi pour la première partie de la philosophie spéculative, à savoir la philosophie de la nature ou physique. Thomas expose sa conception de la physique de façon détaillée dans le prologue à son commentaire de l'œuvre d'Aristote. Les trois parties de la philosophie spéculative se distinguent en fonction du rapport de leur objet à la matière. Alors que la métaphysique enquête sur des objets parfaitement indépendants de la matière, les objets des mathématiques sont appréhendés abstraction faite de la matière, mais existent dans le monde matériel; enfin, les objets de la physique ont «un être qui dépend de la matière et ne peuvent être définis sans la matière» (*Phys.*, prol., n. 2). Puisque tout ce qui est lié à la matière est changeant, l'être changeant (*ens mobile*) se trouve être l'objet de la philosophie de la nature.

L'ordre systématique des écrits aristotéliciens de philosophie naturelle reflète l'ordre systématique des disciplines elles-mêmes : les livres de la *Physique* traitent de l'être changeant en général, alors que les œuvres suivantes enquêtent sur les différentes espèces de changement, en commençant par le mouvement local (*De caelo*), le plus parfait des changements, en passant par la génération et la corruption (*De generatione et corruptione*) et les autres formes de changements, pour descendre jusqu'à ceux qui concernent le vivant (*De anima*). En ce sens, l'ordre de la philosophie naturelle ne respecte pas seulement l'ordre cosmique (de haut en bas), mais obéit également à quatre règles classificatoires (*De caelo*, prol., n. 2-3) : 1) le processus scientifique de la philosophie naturelle doit aller du général au particulier (c'est pourquoi la *Physique*, qui traite du mouvement en général, est le premier livre de la philosophie de la nature); 2) la considération du tout doit précéder celle des parties, et 3) celle du simple doit précéder celle du composé; 4) l'enquête sur les objets les plus importants doit précéder celles qui regardent les objets les moins considérables (c'est pourquoi le traité *Du ciel* doit être étudié en deuxième lieu). Procédant ainsi et progressant *per modum concretionis*, du plus général au moins général, la philosophie de la nature s'achève par une enquête relative à l'être animé. Pour Thomas, il ne fait pas de doute que la « connaissance de l'âme est affaire du philosophe de la nature ou du physicien » (*Phys.*, prol., n. 1), bien qu'elle soit d'une grande utilité pour l'éthique et la métaphysique (*ibid.*, n. 2).

Les notions fondamentales de la philosophie de la nature. Dans un écrit du début de carrière intitulé *Des principes de la nature* (*De principiis naturae*), Thomas présente de manière fort concise les notions fondamentales de la philosophie de la nature, qu'il approfondira et élucidera plus tard au cours de ses commentaires d'Aristote. Partant des notions premières d'acte et de puissance, notions qui ne peuvent être définies, Thomas introduit ici la distinction entre substance et accident, avant de différencier le sujet (*subiectum*), en tant qu'il est sous-jacent aux accidents, et la matière « qui est en puissance relativement à l'être substantiel » (*De princ.*, § 1, 39a). À l'aide du binôme aristotélicien de matière et de forme, Thomas décrit le devenir (*generatio*) comme un mouvement en direction de la forme (*motus ad formam*) et comme un changement allant du non-être à l'être, mettant en jeu la matière, la privation (*privatio*) et la forme.

Ces trois concepts constituent les « trois principes de la nature » (*De princ.*, § 2, 40a), alors que la nature est conçue, à la manière aristotélicienne, comme « le principe du mouvement et du repos dans la chose, possédé par soi et non par accident » (*Physique* III, c. 1, 192b21-24 ; voir à ce sujet *Phys.*, II, lect. 1, n. 145). Le concept-limite de « matière première », signifiant ce qui, dépourvu de toute forme, se tient en-deçà de toute détermination et ne peut être connu et défini en tant que tel ; il est cependant indispensable à la conception du devenir et du changement (*De princ.*, § 2, 41b). L'élucidation du devenir, centrale pour la philosophie de la nature, présuppose aussi le concept de cause (*causa*), qui revêt quatre aspects selon l'enseignement du Stagirite (*materialis, formalis, efficiens, finalis*; *De princ.*, §3, 42b; voir aussi *Phys.*, II, lect. 10, n. 240). À l'intérieur de cette hiérarchie des causes, le processus du changement est instauré par la cause efficiente, qui présuppose la cause finale – « la cause des causes » (*ST* I, q. 5, a. 2). Quant à la forme, elle confère l'être à la matière (au sujet de l'ordonnancement des causes, voir *De potentia*, q. 5, a. 1; *Metaph*, V, lect. 2, n. 775 et 782).

Comme Aristote, Thomas part du principe que toute action ou tout agir se produit en vue d'une fin – « omne agens agit propter finem » (*De potentia*, q. 5. a. 5) –, car un effet déterminé ne peut être atteint sans qu'un but déterminé ne lui soit présupposé (voir *ST* I-II, q. 1, a. 2). En conséquence, il est possible de postuler une universelle ordination des choses à leur fin dans l'univers, ce qui implique par ailleurs que « toute œuvre de la nature soit l'œuvre d'une substance douée de connaissance » (*ScG* III, c. 24, n. 2050).

À la suite d'Aristote, Thomas définit le changement (*motus*) au moyen des concepts premiers d'acte et de puissance, comme « acte de ce qui existe en puissance en tant qu'il est en puissance » (selon *Physique* III, 1; 201a10 : « actus existentis in potentia secundum huiusmodi », voir *Phys.*, III, lect. 2, n. 285). Sur la base de la distinction catégorielle en substance, qualité, quantité et lieu (*ubi*), il est possible de distinguer quatre types de changements : le devenir et la corruption, l'*alteratio* qui est un changement qualitatif, l'augmentation et la diminution, et enfin le mouvement local (voir *Phys.* V, lect. 3-4, n. 660-682). Le primat du mouvement local, qui joue notamment un rôle important dans la preuve de l'existence d'un moteur immobile telle qu'elle est exposée dans le huitième libre de la *Physique*, tient à ce que seule cette forme de changement est continue et perpétuelle (*perpetuus*; voir *Phys.*, VIII, lect. 14 et 15). La plus haute perfection du mouvement circulaire est due au fait qu'il revient à son point de départ et à son origine, et qu'il réalise ainsi le plus haut degré de continuité (*Phys.*, VIII, lect. 19 et 20).

Les questions relatives à la nature du temps bénéficient d'une attention particulière dans le cadre des questions physiques. Thomas les discute en relation avec les textes qui leur furent consacrés par Aristote dans le quatrième livre de la *Physique* (chap. 10-14). Il reprend la définition aristotélicienne du temps comme « nombre du changement selon l'avant et l'après » (*Physique* IV, 11, 219b1-2), mais il cherche également la solution au problème, posé mais non définitivement résolu par Aristote, relatif au rapport entre l'âme et le temps. En accord avec Averroès (voir Jeck 1994) et au moyen de la distinction entre forme et matière, Thomas affirme que le changement est la composante matérielle (*quasi materiale*) du temps alors que l'opération de l'âme qui compte fournit sa composante formelle et le fait donc exister (« quod autem formale [scil. temporis] completur in operatione animae numerantis » : *Sent.* I, dist. 19, q. 2, a. 1, 467), ce qui implique, comme le note Aristote, cité par Thomas, que le temps n'existe pas dans l'être extra-mental, mais seulement dans l'esprit de l'homme (« si non esset anima, non esset tempus », *ibid.*) : « Dans la mesure où nous mesurons un avant et un après dans le changement, nous percevons le temps » (*ST* I, q. 10, a. 1). Ou encore : « la totalité du temps n'existe en dernière instance que par l'opération de l'âme qui le mesure » (*Phys.*, IV, lect. 23, n. 629).

Philosophie pratique. Dans la partition des sciences que nous avons mentionnée, Thomas assigne à la philosophie pratique la tâche d'ordonner l'action humaine. Cette conception se fonde sur la conviction d'une identité entre l'agir moral et l'agir selon la raison (*secundum rationem*). En accord avec une tradition qui remonte à Aristote, Thomas distingue l'agir (*agere*) du produire (*facere*). Il dispose d'une théorie de l'action très élaborée, qui développe une conception différenciée de l'activité spécifiquement humaine en analysant sa qualité morale d'un point de vue philosophique et théologique. La description encore très générale de l'action humaine (*actio humana*) comme action dont l'homme est maître renvoie aux opérations dont l'homme est capable moyennant un acte réfléchi de la volonté (*voluntas deliberata*); en ce sens seulement, ces opérations peuvent être dites opérations de l'homme en tant que tel : « Parmi les actions accomplies par l'homme, celles-là sont appelées proprement humaines qui appartiennent en propre à l'homme selon qu'il est homme. Et l'homme est maître de ses actes. D'où il suit qu'il faut appeler proprement humaines les seules actions dont l'homme est maître. Mais c'est par sa raison et sa volonté que l'homme est le maître de ses actes. » (*ST* I-II, q. 1, a. 1).

Les actions spécifiquement humaines ne sont pourtant pas seulement accomplies en vertu d'un principe inhérent à l'agent; elles présupposent encore la connaissance de leur fin (*ST* I-II, q. 6, a. 1). La qualité morale d'une action humaine tient à quatre facteurs (*ST* I-II, q. 18, a. 4) : 1) Comme le bien et l'être sont convertibles, la réalisation d'une action en tant que telle est déjà un certain bien, dans la mesure où cette action existe (*ST* I-II, q. 18, a. 1). 2) L'objet confère à l'action sa forme spécifique, c'est pourquoi la qualité morale de l'action dépend de son objet (*ST* I-II, q. 18, a. 2). 3) Cependant, les circonstances de l'action doivent aussi entrer en ligne de compte lorsqu'il s'agit d'évaluer celle-ci. De manière traditionnelle, ces circonstances sont énoncées au moyen des questions : qui, quoi, où, avec quels moyens, pourquoi, comment et quand? (*ST* I-II, q. 7). 4) Pour l'évaluation d'une action, sa fin est toutefois d'une importance particulière (*ST* I-II, q. 18, a. 4); elle est identique à l'objet de l'acte intérieur de volonté, et elle se rapporte à l'action extérieure, au moyen de laquelle l'objet voulu est atteint, comme une forme à une matière (*ST* I-II, q. 18, a. 6). Une action est parfaitement bonne, seulement si les quatre critères sont remplis (*ST* I-II, q. 18, a. 4 ad 3).

Les questions de la philosophie pratique sont traitées avec le plus de détails et le plus de diligence dans la deuxième partie de la *Somme de théologie* (voir la description de cette œuvre p. 121-129). Cependant, Thomas a aussi consacré expressément des *Questions disputées* à certains aspects importants de l'éthique; dans ce contexte sont particulièrement dignes d'être mentionnées les *Quaestiones disputatae de virtutibus* et surtout la *Quaestio disputata de malo* (voir p. 132-135), qui enquête sur la liberté humaine et sur les vices. Enfin, de nombreux points de philosophie morale sont naturellement discutés dans les commentaires des traités aristotéliciens dédiés à la philosophie pratique, en particulier dans le Commentaire de l'*Éthique à Nicomaque* et celui de la *Politique*.

Métaphysique. La métaphysique, conçue comme la doctrine de l'étant en tant qu'étant, réalise l'accomplissement de l'effort philosophique : elle s'interroge sur ce qui est connaissable au plus haut point (*maxime intelligibile*). Ce syntagme peut recevoir trois interprétations (voir *Metaph.*, Prol.). Est connaissable au plus haut point ce qui procure la plus grande certitude, c'est la connaissance des causes. En outre, est au plus haut point intelligible ce qui atteint le maximum d'universalité. Enfin, l'immatérialité est une caractéristique de l'intelligibilité. Si l'objet de la métaphysique doit être déterminé par ces trois critères, il faut l'identifier aux causes premières, c'est-à-dire à ce qui est le plus général et le plus immatériel. Les trois dimensions évoquées caractérisent certes la métaphysique, Thomas précise cependant que son objet propre (*subiectum*) est l'« étant commun » (*ens commune*) :

cette discipline pose donc d'abord la question de l'étant en général et, par cette voie, parvient au problème des causes premières. Ainsi, la question de Dieu devient un argument métaphysique, puisque toute science doit s'interroger sur les causes de son objet et que Dieu est la cause de l'être dans sa totalité (*Metaph.*, prol.; à ce sujet : Doig 1972, Zimmermann 1998).

Cette partition bien ordonnée est solidaire d'une présentation spécifique du programme d'apprentissage des disciplines philosophiques : tout l'effort philosophique est certes orienté vers la connaissance de Dieu, connaissance qui procure félicité et qui est atteinte dans la métaphysique, mais cet accomplissement n'est que le dernier stade d'un long cheminement qui commence avec l'étude de la logique. Les mathématiques viennent ensuite : contrairement à la philosophie de la nature, qui vient en troisième place, elles ne requièrent aucune expérience empirique. L'apprentissage de la philosophie morale nécessite quant à lui beaucoup de temps et d'expérience. Puis, seulement après cette longue préparation, il est enfin possible de se tourner vers la « science divine », c'est-à-dire la philosophie première (*De causis*, prol.).

Histoire de la pensée. Thomas conçoit l'histoire de la philosophie comme un processus allant du moins parfait au plus parfait, comme le montrent les exposés spécifiques qu'il a consacrés à ce développement. Cette conception est, par exemple, tout à fait manifeste dans sa présentation de la connaissance humaine (*ST* I, q. 84, a. 1 et 2), lorsqu'il entend montrer que la théorie platonicienne des idées doit être envisagée comme une réaction au matérialisme des premiers philosophes (*primi philosophi*); cette réponse platonicienne sera ensuite corrigée et améliorée par la voie moyenne tracée par Aristote. On rencontre la même présentation lorsque Thomas aborde le problème de l'origine de la matière première (*ST* I, q. 44, a. 2). Les premiers philosophes ont approché la connaissance de la vérité pas à pas (*quasi pedetentim*); plus tard seulement, certains philosophes ont pu « s'élever jusqu'à la connaissance de l'étant en tant qu'étant » (*ST* I, q. 44, a. 2; voir aussi *De potentia*, q. 3, a. 5). Il en va dans la connaissance de la vérité comme dans l'ordre naturel : c'est une progression vers l'achèvement et la perfection; successivement, les philosophes gagnent *quasi pedetentim* une connaissance plus approfondie de la vérité (voir *ScG* II, c. 37, n. 1130). Ainsi l'homme est-il dépendant de l'aide d'autrui, la connaissance à laquelle il peut atteindre tout seul étant fort sommaire en comparaison de la totalité du savoir (*Metaph.*, VII, lect. 1, n. 1260). Dans tous les cas, les travaux des prédécesseurs sont utiles : qu'ils aient découvert quelque vérité ou qu'ils se soient trompés, leurs successeurs doivent leur être reconnaissants, dans la mesure où ils leur ont offert la possibilité d'approfondir leur savoir (*Metaph.*, II, lect. 1, n. 287-288; *De an.*, I, 2, 4, 12b; voir Mauro 2005).

Dans les *Questions disputées* et dans la *Somme de théologie*, Thomas adopte donc en général la méthode aristotélicienne qui consiste à présenter d'abord les opinions des autres penseurs avant de proposer sa propre solution en la confrontant à celles-ci. Relativement au contenu doctrinal, il ne cesse également d'exposer les raisons de sa préférence pour les théories d'Aristote, par rapport à Platon notamment, dont la principale erreur fut de confondre le mode de la chose connue (*modus rei intellectae*) avec son mode d'être (*modus essendi*; *Metaph.*, I, lect. 10, n. 158). Il faut de fait préférer la philosophie d'Aristote à toute autre, car elle procède « sur une voie plus évidente », c'est-à-dire qu'elle avance par la voie du changement (*via motus*) et s'en tient à ce qui est manifeste aux sens (*De subst.*, c. 2, 44a et 45a). Elle commence par l'observation des phénomènes sensibles et atteint par ce moyen les objets immatériels (*Metaph.*, III, lect. 1, n. 344). Pourtant, dans certains cas, Thomas reconnaît que la position d'Aristote est « moins satisfaisante » (*minus sufficiens*) que celle de Platon, notamment en ce qui concerne l'analyse du nombre des substances séparées de la matière (voir *De subst.*, c. 2, 45a; c. 4, 47a-b).

Thomas établit toutefois sa position philosophique propre non seulement en se confrontant aux philosophes de l'Antiquité, mais en discutant aussi les thèses d'Avicenne (voir Vansteenkiste 1953, Anawati 1974, Wippel 1990, Porro 2004), d'Averroès (voir Vansteenkiste 1957, Elders 1992, de Libera 2004), de Moïse Maïmonide (voir Haberman 1979, Wohlman 1988, Hasselhoff 2004) et du Ps.-Denys l'Aréopagite (voir O'Rourke 2005), qui sont pour lui d'une importance capitale. S'il critique parfois durement et sans ménagement ces partenaires de discussion, qui lui sont par ailleurs indispensables, c'est que les sentiments ne doivent jouer aucun rôle dans la connaissance de la vérité (voir Mauro 2005). Thomas s'accorde avec Aristote pour dire que tout penseur dont la conception sera adoptée comme tout auteur dont l'opinion sera rejetée est digne de considération, dans la mesure où il « contribue à la découverte de la vérité » (*Metaph.*, XII, lect. 9, n. 2566).

LA CONNAISSANCE HUMAINE

Le désir de connaître. La philosophie réalise le désir de connaître inscrit en l'homme par nature. Thomas fonde cette thèse aristotélicienne (*Métaphysique* I, 1, 980a21) d'une part sur l'exigence de perfection – l'intellect humain est par défi-nition capable de connaître –, d'autre part sur l'inclination naturelle de tout être à l'accomplissement de l'opération qui lui est propre. Or l'*operatio* qui revient à l'homme en propre est le connaître (*Metaph.*, I, lect. 1, n. 1-3). Sur cette base, Thomas peut affirmer la bonté de toute science (*scientia*), faire de la connaissance la perfection de l'homme (*De an.*, I, 1, 4b), mais aussi justifier l'étude de la philosophie et en faire un objet digne de louange (*ST* II-II, q. 167, a. 1, ad 3), puisque le bien de l'homme consiste en la connaissance de la vérité (*ST* II-II, q. 167, a. 1, ad 1).

En tant qu'être capable de connaître, l'homme est un être d'ouverture; le connaître (*cognoscere*) est en effet conçu comme « la possession de la forme d'un autre ». Les êtres incapables de connaissance ne possèdent que leur propre forme, qui détermine ce qu'ils sont, alors que les êtres doués de la capacité de connaître peuvent recevoir une autre forme en eux-mêmes : « il faut remarquer que les êtres doués de connaissance se distinguent des non-connaissants en ce que ceux-ci n'ont d'autre forme que leur forme propre; tandis que l'être connaissant a, par nature, la capacité de recevoir, de plus, la forme d'une autre chose : car la forme du connu est dans le connaissant. Et il est évident par là que la nature du non-connaissant est plus restreinte et plus limitée; en revanche, celle des connaissants a une plus grande ampleur et une plus grande extension, ce qui fait dire à Aristote que "l'âme est d'une certaine manière toutes choses" » (*ST* I, q. 14, a. 1; aussi *De veritate*, q. 2, a. 2).

Conjuguée au principe de la réception – selon lequel tout ce qui est reçu l'est sur le mode du recevant (« omne quod recipitur in aliquo, recipitur in eo per modum recipientis » : voir *De veritate*, q. 19, a. 1; *ST* I, q. 75, a. 5; mais aussi *Sent.* IV, d. 49, q. 2, a. 1 et 2; *ScG* II, c. 74, n. 1534; c. 79, n. 1603; *ST* I, q. 89, a. 4;) –, cette conception de la connaissance comme présence ou réception de la forme d'un autre constitue le cœur de l'épistémologie thomiste, résumée dans la *Somme de théologie* (I, q. 75-79 et 84-87) de manière certes très concise, mais aussi très précise et synthétique.

La connaissance sensible. Les conditions de possibilité de la connaissance humaine dépendent de la position de l'homme dans l'échelle des étants. Or, celui-ci se trouve à la frontière du monde matériel et du monde spirituel («in confinio spiritualium et corporalium creaturarum»: *ST* I, q. 77, a. 2; voir aussi: *Sent.* IV, prol.; *ScG* II, c. 81, n. 1625; *De anima*, a. 1). C'est pourquoi la connaissance humaine est attachée à la sensation: elle commence avec elle («principium nostrae cognitionis est a sensu», *ST* I, q. 84, a. 6) et s'étend aussi loin qu'elle le lui permet (*ST* I, q. 12, a. 12). Les cinq sens appartiennent à ce type de puissances de l'âme qui reçoivent les objets différents d'elles sous la forme d'une similitude; ce mode opératoire s'oppose à celui des puissances appétitives (*potentiae appetitivae*), au moyen desquelles l'âme tend (*inclinatur*; *ST* I, q. 78, a. 1) vers des objets différents d'elle. Les sens sont une puissance passive, affectée par les objets sensibles. La perception sensible ne se caractérise cependant pas seulement par une modification du corps, mais elle implique aussi une transformation spirituelle (*immutatio spiritualis*), qui fait naître une représentation intentionnelle (*intentio*) de la forme sensible dans l'organe sensoriel (*ST* I, q. 78, a. 3; *De anima*, a. 13). Alors que le toucher est envisagé comme le sens de base (*ST* I, q. 76, a. 5), la vue est considérée comme le sens le plus parfait, dans la mesure où elle n'implique qu'une modification spirituelle.

Quatre sens internes doivent être distingués des cinq sens externes: le sens commun, l'imagination, la faculté estimative (*aestimativa*) et la mémoire. À l'estimative des animaux, qui leur permet de distinguer l'utile du nuisible dans le monde extérieur, correspond la « cogitative » (*cogitativa*) chez l'homme, qui peut aussi être décrite comme « raison inférieure ». Son opération consiste en une comparaison des intentions sensibles. Il est de fait possible de la caractériser comme une faculté de jugement sensible, qui distingue le nuisible de l'utile et qui appréhende l'individu en tant que tel, par exemple cet homme-là ou cet homme-ci (*ST* I, q. 78, a. 4 ; *De an.*, II, 13, 121b-122b ; à ce sujet Klubertanz 1952, García Jaramillo 1997, et Gilson 1965, p. 255-262).

L'abstraction. La perception sensible se rapporte aux choses singulières du monde sensible ; or l'essence de ces choses constitue l'objet propre de la connaissance intellectuelle. Cela implique que l'intellect se tourne vers la représentation sensible (*phantasma*), pour en abstraire la nature commune existant dans le singulier : « Notre intellect, dans l'état de la vie présente où il est uni à un corps passible, ne peut passer à l'acte sans recourir aux images sensibles. » (*ST* I, q. 84, a. 7). Dans une opposition explicite à Platon, qui admet fallacieusement l'identité du mode d'être du connu dans le connaissant et celui de l'objet connu, Thomas fait appel à la « voie moyenne d'Aristote » pour souligner que l'âme connaît les choses matérielles de manière immatérielle (*ST* I, q. 84, a. 1-2). Ne possédant aucune connaissance innée des choses, n'étant pas illuminée par un intellect supérieur ou par Dieu (*ST* I, q. 84, a. 3-4), l'âme doit abstraire la forme qui est objet de la connaissance universelle. Cette abstraction – « que chacun peut observer en soi-même » – est réalisée par l'intellect agent (*intellectus agens* ; *ST* I, q. 84, a. 6-7) : les représentations sensibles reçues des sens sont dépouillées de leurs conditions matérielles et acquièrent ainsi une nature rationnellement connaissable. En termes scolastiques, Thomas désigne les espèces intelligibles (*species intelligibiles*) ainsi formées comme ce par quoi l'intellect connaît (*quo intellectus intelligit*), alors que ce dont l'espèce intelligible est la similitude est désigné comme ce qui est connu (*id quod intelligitur*; *ST* I, q. 85, a. 2).

Intellect possible et intellect agent. Thomas a hérité de la tradition aristotélicienne la distinction entre intellect agent et intellect possible (*possibilis*). Cependant, au nom de l'unité de l'homme, il s'oppose à Avicenne, qui admet un intellect agent séparé de l'âme humaine, et à Averroès, qui aurait également postulé – selon lui – un intellect possible séparé et unique pour tous les hommes. Faisant appel à l'expérience de chacun, Thomas plaide, en effet, pour une conception de l'intellect comme partie ou puissance de l'âme (*ST* I, q. 76, a. 1-2) : tout homme fait l'expérience qu'il pense ; or, et cela est capital pour Thomas, l'homme qui pense est celui-là même qui perçoit. S'attaquant à certains de ses contemporains, notamment Siger de Brabant, dans la *Somme contre les Gentils* puis dans le *De unitate intellectus* Thomas tente de prouver que sa propre thèse, selon laquelle l'intellect est une partie de l'âme qui permet à l'homme de penser de manière autonome, est conforme à l'authentique doctrine d'Aristote (voir de Libera 2004). Cette interprétation des textes aristotéliciens identifie l'intellect agent à la puissance abstractive de l'âme, alors que l'intellect possible est regardé comme la « table rase » dont parle Aristote en *De anima* III, 4 (430a1), c'est-à-dire une faculté de l'âme qui « est en puissance relativement à tout connaissable » (*ST* I, q. 79, a. 2).

Cette théorie manifeste par ailleurs la situation de l'homme dans le cosmos : si l'on admet que l'intellect en tant que tel est rapporté à l'étant en général comme à son objet, l'intellect de Dieu occupe la première place dans la hiérarchie des intellects, car, acte pur, il contient en soi originairement et virtuellement tout l'étant (*totum ens*); au bas de l'échelle, se tient l'intellect humain, qui n'est tout l'étant qu'en puissance, dans la mesure où il possède la capacité de le connaître (*ST* I, q. 79, a. 3). Cette théorie métaphysique de l'intellect autorise une interprétation originale de la proposition aristotélicienne selon laquelle l'âme est d'une certaine manière toutes choses (*De anima* III, 8; 431b21). L'homme est, en effet, envisagé comme un être limitrophe; avec le *Liber de causis*, il est comparé à un horizon, appartenant à la fois au monde matériel et au monde spirituel, à l'éternel et au temporel (voir *ScG* II, c. 68, n. 1453; III c. 61, n. 2362). Il dispose du privilège d'une double connaissance, sensible et intellectuelle. Cette disposition a, entre autres choses, pour conséquence que, parmi les créatures, l'homme est seul à prendre plaisir à la *perception* des choses sensibles: «tandis que les autres animaux ne trouvent leur plaisir dans les choses sensibles qu'en fonction de la nourriture et de la sexualité, l'homme seul trouve son plaisir dans la beauté des choses sensibles en tant que telle» (*ST* I, q. 91, a. 3 ad 3).

Pensée discursive et saisie des principes. Cette situation de l'intellect humain rend aussi compte de la discursivité de son opération. Au contraire de la connaissance intuitive des anges et de la connaissance divine, la connaissance humaine s'effectue par un certain mouvement ou cheminement, en un mot, par un discours (voir *ST* I, q. 58, a. 3-4 ainsi que q. 79, a. 8; q. 85, a. 5). Il faut en effet distinguer l'*intelligere* comme saisie immédiate de la vérité du *ratiocinari* envisagé comme parcours allant d'un objet connu à un autre, c'est-à-dire comme un procès caractéristique de l'homme en tant qu'il est un animal doué de raison (*animal rationale*). Puisque tout mouvement part d'un terme immobile pour s'achever dans un terme en repos, l'activité cognitive humaine procède également de quelque chose que l'intellect appréhende immédiatement et au moyen de quoi il vérifie la conclusion de son raisonnement. Ce quelque chose, ce sont les premiers principes, et avant tout le principe de non-contradiction, formulé par Aristote, selon lequel une même chose ne peut être affirmée et niée en même temps. Ce principe est une proposition connue par soi (*per se notum*), immédiatement manifeste, qui se caractérise par le fait que son prédicat est contenu dans son sujet (*Metaph.*, IV, lect. 5, n. 595 ; Tuninetti 1996) et qui fonde l'activité même de juger : « c'est pourquoi le premier principe indémontrable est que "l'on ne peut en même temps affirmer et nier" [quelque chose], ce qui se fonde sur la notion d'étant et de non-étant ; et c'est sur ce principe que toutes les autres vérités sont fondées » (*ST* I-II, q. 94. A. 2 ; *Metaph.*, IV, lect. 6, n. 605 ; pour l'ensemble Gilson 1965, p. 263-280).

Connaissance du singulier et connaissance de soi. À partir des doctrines que nous avons brièvement esquissées, deux thèses épistémologiques paraissent particulièrement caractéristiques de la pensée de Thomas : 1) la connaissance intellectuelle indirecte du singulier et 2) la conception de la connaissance de soi.

(1) Le dominicain fait siennes les thèses héritées d'Aristote et de Boèce, selon qui l'intellect connaît l'universel, alors que la connaissance sensible se rapporte au singulier ; il tente de les fonder de manière argumentée (voir *De veritate*, q. 2, a. 5-6 ; q. 10, a. 5 ; *Quodl.*, VII, q. 1, a. 3 ; *Quodl.*, XII, q. 8). L'intellect connaît directement et en premier lieu l'universel ; en opérant un retour (*reflexio*) sur la représentation sensible, il peut cependant appréhender de manière indirecte l'individuel, dont selon Thomas le principe est la matière (voir *ST* I, q. 86, a. 1).

(2) À la question de la possibilité et de la signification de la connaissance de l'âme par elle-même, qui est décisive pour la

tradition chrétienne, Thomas répond avec la plus grande clarté, en invoquant la thèse déjà présentée, qui identifie l'objet de l'intellect humain à l'essence des choses matérielles (*ST* I, q. 87, a. 1-3; *De veritate*, q. 8, art, 6; q. 10, a. 8). Puisque l'intellect humain se rapporte immédiatement aux objets du monde matériel, la connaissance de soi est médiatisée par la connaissance d'un autre que soi. Il faut encore distinguer entre la connaissance de l'essence de l'âme et la conscience de ses propres activités spirituelles. L'âme prend conscience qu'elle connaît en connaissant autre chose que soi, car « personne ne perçoit qu'il connaît, s'il ne connaît quelque chose (*aliquid*) » (*De veritate*, q. 10, a. 8). Ce primat de la connaissance objective vaut aussi pour l'appréhension de la nature de l'âme, qui n'est possible que par une analyse de ses actes (*ST* I, q. 87, a. 1). Outre ces deux types de connaissance actuelle que l'âme a d'elle-même, Thomas mentionne encore une connaissance habituelle de l'âme (*De veritate*, q. 10, a. 8), qui peut être interprétée comme une présence ontologique de l'âme à elle-même (voir Putallaz 1991, surtout p. 167-168) et qui représente la condition spécifique de la possibilité de la réflexion.

Perfection des êtres intelligents. Du point de vue de son rapport à soi, l'homme se tient également au centre de toute la réalité, comme en témoigne un texte remarquable de la *Somme contre les Gentils*. En relation avec la question de la procession trinitaire, Thomas présente en effet, dans ce texte, une vision hiérarchique de l'ensemble de la réalité, dont l'échelonnage des degrés se fonde sur les différentes espèces de procession ou d'émanation (*emanatio*; *ScG* IV, c. 11, n. 3461-3465; voir Rosemann 1996, p. 116-139, Cottier 2003). Les corps inanimés occupent la place inférieure : dans leur cas, une procession n'est pensable que grâce à une intervention extérieure. À la plus haute place se trouve l'intellect divin, dans lequel l'être est absolument identique au connaître, la connaissance de soi à la connaissance d'autrui. Au milieu se tient l'homme, qui a certes accès à un mode de réflexion intellectuelle, mais dont le connaître est orienté vers un objet autre que soi. Cette déficience due à la nature même de l'homme est cependant compensée par la *capacité* de connaître, en un certain sens du moins. Il faut en effet distinguer deux types de perfection : la perfection de l'être («*perfectio sui esse*») et celle, propre aux êtres finis, qui consiste en la présence de la perfection d'un objet reçu en eux. Telle est « la perfection du connaissant en tant que connaissant » : elle fait comprendre que d'un point de vue philosophique la perfection de l'âme consiste à représenter l'ordre de l'univers dans son intériorité (*De veritate*, q. 2, a. 2).

L'HOMME. PROBLÈMES ÉTHIQUES

Unité de l'homme. Thomas ne cesse d'insister sur le fait que l'intellect est une partie constitutive de l'homme. Il produit de nombreuses raisons en faveur de cette thèse. En premier lieu, il convient de mettre en exergue une conviction thomasienne, celle de l'unité de l'homme ; elle commande une conception de l'homme comme être constitué d'un corps et d'une âme. En conséquence, Thomas nie expressément toute réduction de l'homme à son âme (*ST* I, q. 75, a. 4 ; *ScG* II, c. 57, n. 1326-1341) et exige d'inclure dans sa définition ses deux parties, à savoir le corps et l'âme, c'est-à-dire sa matière et sa forme. Faisant encore une fois appel à Aristote, il conçoit l'homme au moyen du paradigme hylémorphique : l'âme est alors considérée comme la forme substantielle du tout (*ST* I, q. 75. a. 5 ; *De anima*, a. 6, 49a-51b), exactement dans le sens où Aristote disait qu'elle est principe et « acte d'un corps qui possède la vie en puissance» (*De anima* II, 1; 412a27), par lequel l'homme se nourrit, perçoit, se meut et connaît (selon *De anima* II, 2; 414a12; voir Bernath 1969, Wéber 1991). Moyennant une correction de l'hylémorphisme aristotélicien, Thomas surmonte les difficultés rencontrées par cette théorie opposée à toute forme de dualisme, lorsqu'il s'agit de rendre compte de l'immortalité de l'âme : il souligne que l'âme, en tant qu'intellect, exerce son activité propre indépendamment du corps (*De anima*, a. 14, 123a-129b; *ScG* II, c. 79-81; *ST* I, q. 65, a. 6). Ce constat lui permet de conclure que l'âme doit posséder un être indépendamment du corps (*De anima*, a. 1; au sujet de l'anthropologie de Thomas, voir Wéber 1991, et Gilson 1965, p. 241-254).

Les puissances de l'âme. L'intellect n'est cependant qu'une partie de l'âme parmi d'autres. Dans cette conception, plusieurs puissances (*potentiae*) sont en effet inhérentes à l'âme comme à un sujet (*ST* I, q. 75, a. 5-6; à ce sujet voir Künzle 1956, de Libera 2007, p. 298-310). Parmi elles, le groupe des puissances appétitives et celui des puissances cognitives mérite une attention particulière. Nous avons déjà parlé des secondes, auxquelles appartiennent la perception sensorielle et la connaissance intellectuelle. Considérés dans leur ensemble, les deux groupes concernent le rapport de l'homme à la réalité extérieure. Ce rapport peut être regardé de deux manières : comme présence en l'homme d'un objet extérieur par le moyen de la perception ou de la connaissance intellectuelle – dans ce dernier cas, l'objet est présent dans l'âme sous la forme d'une similitude représentative –, ou comme un désir de l'âme en direction d'un objet. Thomas parle alors d'*appetitus*, qui se déploie comme puissance appétitive sensible ou intellectuelle : dans les deux cas, l'âme est mue par un objet, qui joue le rôle de moteur non mû (*ST* I, q. 80. a. 2; *De veritate*,

q. 22, a. 4). Thomas accorde à l'analyse des passions, qui sont les manifestations de la puissance appétitive sensible, autant d'attention qu'à l'étude de la volonté, identifiée à l'*appetitus* intellectuel.

Les passions et l'amour. Parmi les passions (*passio* ou *affectio*), qui peuvent être décrites de manière très générale comme «mouvements de la puissance appétitive sensible», qui impliquent toujours une modification physique (*ST* I-II, q. 24, a. 2) et qui sont toujours causés par un objet sensible, Thomas distingue les passions qui sont du type de la colère ou de l'irascible (*irascibilis*) et celles qui appartiennent à la puissance désirante (*concupiscibilis*) (pour la préhistoire de ce concept voir Brungs 2003, p. 19-83). Au premier groupe appartiennent la colère (*ira*), la peur (*timor*), l'audace (*audacia*), l'espoir (*spes*) et le désespoir (*desperatio*). Ces passions sont caractérisées par une certaine difficulté (*arduum*): elles sont liées à l'accomplissement d'une opération ardue. Les passions désirantes sont au contraire orientées vers un bien ou un mal sensible; ce sont l'amour (*amor*) et la haine (*odium*), la concupiscence (*desiderium, concupiscentia*) et le dégoût (*abominatio*), le plaisir ou la joie (*delectatio, gaudium*) et la tristesse (*tristitia*).

Dans la *Somme de théologie*, Thomas consacre à ces onze passions un traité très détaillé et bien construit (*ST* I-II, q. 22-28). Il est frappant de constater le soin apporté aux enquêtes consacrées à l'amour (*ST* I-II, q. 26-28) et à la tristesse (q. 35-39). L'amour, causé par la perception de l'aimé, est en un premier moment décrit comme «l'origine (*principium*) d'un mouvement vers la fin aimée» (*ST* I-II, q. 26, a. 1). La suite de l'enquête introduit une deuxième dimension, à savoir la célèbre définition aristotélicienne de l'amour comme «vouloir du bien à quelqu'un» (*Rhétorique* II, 4; 1380b35). Enfin, en relation avec les effets de l'amour, Thomas reprend la théorie de Denys l'Aréopagite, qui présente l'amour comme une puissance d'unification (*ST* I-II, q. 28, a. 1). L'amour comporte les trois dimensions : l'amant perçoit son aimé comme un autre soi-même (*alter ipse*), lui veut du bien et cherche à s'unir à lui. Thomas qualifie l'amour comme principe (*principium*) du mouvement vers l'aimé, pour le distinguer du désir (*desiderium*) et du plaisir ou de la joie (*ST* I-II, q. 26, a. 2). L'importance du rôle joué par l'amour aux yeux de Thomas devient manifeste lorsqu'il affirme que toutes les passions présupposent l'amour (*ST* I-II, q. 27, a. 4) et quand il ajoute que tout agent, quel qu'il soit, accomplit toutes ses actions en vertu d'un certain amour (*ST* I-II, q. 28, a. 6 : « omne agens quodcumque sit, agit quamcumque actionem ex aliquo amore »).

Amour de soi. Les développements consacrés à l'amour comme passion sont complétés par d'autres qui le regardent comme *caritas*, qu'il faut interpréter comme amitié de l'homme pour Dieu (*ST* II-II, q. 24, a. 1). Dans ce contexte, Thomas développe la thèse du primat de l'amour de soi, lourde de conséquences. L'amour de l'homme pour lui-même est « forme et racine » de tout amour pour autrui (*ST* I-II, q. 25, a. 4). Dans la mesure où cet amour constitue le modèle (*exemplar*) de l'amour pour autrui, il faut affirmer sans crainte que chacun doit s'aimer plus que tout autre (*ST* I-II, q. 26, a. 5 ; voir de Weiss 1977, Wohlmann 1981).

La prééminence de l'amour de Dieu est fondée sur le fait que Dieu constitue pour l'homme le bien le plus élevé (*ST* I-II, q. 26, a. 3). Dieu est pour l'homme son ultime raison d'aimer (« tota ratio diligendi »), car il constitue pour lui le bien parfait. Dans ce contexte, Thomas formule une hypothèse que l'on peut rapprocher de la célèbre supposition impossible de Fénélon (*cf.* Le Brun 2002) : si Dieu n'était pas le bien de l'homme, il ne constituerait pas pour lui une raison d'aimer (*ST* II-II, q. 26, a. 13 ad 3 : « dato enim, per impossibile, quod Deus non esset hominis bonum, non esset ei ratio diligendi »; voir Geiger 1952). Comme l'amour de Dieu a pour conséquence un désir de Dieu, en aimant Dieu l'homme s'aime au plus haut point, car il recherche pour lui-même le plus haut bien (*De virtutibus*, q. 2, a. 7 ad 10 : « maxime nos ipsos amamus, volentes nobis summum bonum »; au sujet de l'amour en général : Gilson 1965, p. 335-351, Ilien 1975, Fetz 1976, McEvoy 1993).

La dimension morale des passions. Il convient encore de préciser la position de Thomas relativement à la question de la qualité morale des passions : il rejette de manière décidée tout enseignement qui, à la suite de Cicéron, considère les passions dans leur ensemble comme des maladies de l'âme. Thomas attribue cette thèse aux stoïciens. Dans cette problématique aussi, il choisit la voie moyenne des péripatéticiens (*De malo*, q. 12, a. 1 ; *ST* I-II, q. 24, a. 2). En elles-mêmes les passions se tiennent en deçà du bien et du mal, mais, puisqu'il est question de sentiments, l'homme peut les contrôler et les diriger au moyen de sa raison. La qualité morale des émotions tient donc à leur rapport à la raison. Elles peuvent être décrites comme des « maladies et un dérangement de l'âme » dans le seul cas où elles se soustraient à la régulation de la raison (*ST* I-II, q. 24, a. 1 ; voir Jordan 1986b, Ricken 1998).

Les vertus. La prudence. Dans son ensemble, l'éthique thomasienne se fonde sur la thèse suivante : par nature l'homme recherche le bonheur (*beatitudo*) et celui-ci consiste en la vision de Dieu (voir *ST* I-II, q. 1-5). Les vertus sont envisagées comme des habitus, c'est-à-dire comme des dispositions acquises orientées vers l'action. Elles constituent pour l'homme des moyens pour atteindre sa fin ultime. Les vertus théologales – la foi, l'espérance et la charité – présupposent un concours de la grâce divine (*De virtutibus*, q. 1, a. 10; *ST* I-II, q. 51, a. 4; q. 62, a. 1) et sont nécessaires à l'obtention de la félicité dans l'au-delà. C'est pourquoi Thomas les qualifie de vertus infuses. Au sujet des vertus naturelles, qui sont acquises par la pratique, Thomas reprend la distinction aristotélicienne entre les vertus intellectuelles – selon l'énumération de l'*Éthique à Nicomaque* VI, 3 qui égrène l'art, la science, la prudence, la sagesse et la sagacité –, et les vertus morales (*ST* I-II, q. 58), à savoir les vertus cardinales et les vertus qui leur sont subordonnées ou ordonnées. Parmi elles, la prudence (*prudentia*) joue un rôle particulier : sans elle, aucune autre vertu ne saurait être parfaite (*ST* I-II, q. 57, art 5; q. 58, a. 4), dans la mesure où la vertu en général est traditionnellement définie comme une bonne qualité de l'âme en vue de l'action, c'est-à-dire comme un *habitus operativus* (*ST* I-II, q. 55, a. 2-4), qui est inhérent à la volonté comme à son sujet (*ST* I-II, q. 56, a. 6).

Les vertus cardinales. Les quatre vertus cardinales peuvent être ordonnées entre elles et distinguées les unes des autres selon différents points de vue. Avec Aristote, Thomas interprète la tempérance (*temperantia*) et le courage (*fortitudo*) dans le contexte des passions et de leur maîtrise ; à la différence de ces vertus, la justice (*iustitia*) se caractérise par sa capacité à ordonner droitement les relations de l'homme à ses semblables, plutôt qu'à réguler le comportement moral et le mode de vie d'un individu envisagé dans sa singularité (*ST* II-II, q. 57, a. 1). Quant à la prudence, sa spécificité consiste en ce qu'elle appartient aux vertus intellectuelles et aux vertus éthiques à la fois. En accord avec Aristote (*Éthique à Nicomaque* VI, 5; voir *Eth.*, VI, 4, 345-347), Thomas la qualifie de *recta ratio agibilium* : il vise par là l'ordre ou la mesure que réalise la raison dans le domaine de l'action (entre autres : *ST* II-II, q. 47, a. 2). Cette description est analogue à celle, bien connue, de l'art comme *recta ratio factibilium*; les deux définitions présupposent la distinction décisive entre action immanente à celui qui agit et action transitive, caractéristique du faire ou du produire (voir *De veritate*, q. 5, a. 1). La prudence régit également l'action en relation à sa fin : sur la base des principes généraux de la raison pratique, elle élit les moyens adéquats et les applique aux cas concrets (*ST* II-II, q. 47, a. 4, a. 6-7; voir également I-II, q. 57, a. 4). Comme la raison théorique, la raison pratique dispose en effet de principes premiers, connus par soi, dont le premier s'énonce ainsi : « il faut faire le bien et éviter le mal » (*ST* I-II, q. 94, a. 2 : « bonum est faciendum et prosequendum et malum vitandum »). Ces principes sont saisis par la synderèse, habitus des premiers principes pratiques (*ST* I, q. 79, a. 12; *De veritate*, q. 16, a. 1). Il revient à la prudence d'appliquer ces principes aux situations et aux cas concrets que chaque homme rencontre durant son existence. Faisant encore une fois appel à Aristote (*Éthique à Nicomaque* VI, 6, 140b35, 1139a8), Thomas peut donc dire que le prudent est tout d'abord celui qui prend conseil (*consiliari*). Trois activités caractérisent en effet la prudence : 1) le conseil, qui consiste en la découverte des moyens adéquats à l'obtention de la fin, 2) le jugement (*iudicare*) des moyens découverts, 3) le précepte (*praecipere*). Ce troisième acte, qui consiste à réaliser ce qui a été décidé et jugé bon, est l'activité la plus importante de la prudence (*ST* II-II, q. 47, a. 8).

La force et la tempérance. La force ou courage doit être envisagée comme une « fermeté de l'âme » (*firmitas animi*) lorsqu'il s'agit d'affronter et de repousser le danger (*ST* II-II, q. 123, a. 2), donc de dominer sa peur dans les situations difficiles. La peur, en particulier la peur de mourir, peut en effet empêcher l'homme de suivre la raison (*ibid.*, a. 3) – à de nombreuses reprises Thomas qualifie la mort de pire des maux physiques (*ibid.*, a. 4), car elle empêche tout particulièrement l'homme d'obéir à la raison (a. 12). Pour énumérer les vertus subordonnées au courage, Thomas suit Cicéron (*De inventione* 2, 54): il mène une recherche détaillée sur la magnanimité (*magnanimitas* aristotélicienne plutôt que confiance cicéronienne en l'occurrence; voir Gauthier 1951), la magnificence (*magnificentia*), la patience (*patientia*) et la persévérance (*perseverantia*) (*ST* II-II, q. 128-138), sans négliger les vices opposés à la vertu de courage, la peur (*timor*; *ST* II-II, q. 125) ou la pusillanimité (*pusillanimitas*, q. 133). La tempérance est la vertu qui contribue au bon usage des biens sensibles, un usage réglé par la raison qui concerne avant tout les biens nécessaires à la subsistance de l'individu (la nourriture) et à la conservation de l'espèce (la génération et la sexualité; à ce sujet *ST* II-II, q. 141-170). Les principaux vices qui lui sont opposés sont la gourmandise (*gula*) et la luxure (*luxuria*). Dans le contexte du traitement de la tempérance, il convient encore d'ajouter que Thomas y discute de l'humilité (*humilitas*, *ST* II-II, q. 161) et de l'orgueil (*superbia*, *ST* II-II, q. 162); ce vice constitue d'ailleurs le pire des péchés, en tant qu'il éloigne l'homme de Dieu.

La justice. À la base de l'investigation de Thomas sur la question de la justice, se trouve la définition de la justice héritée du droit romain, en dernière analyse, reçu de la tradition platonicienne: « La justice est la volonté ferme et durable d'attribuer à chacun son droit » (*Digeste* I, 1, 10: « iustitia est constans et perpetua voluntas ius suum unicuique tribuens »), définition que Thomas corrige ainsi: « La justice est l'habitus par lequel quelqu'un, en vertu d'une volonté ferme et durable, attribue à chacun son droit » (*ST* II-II, q. 58, a. 1).

Cette définition confirme bien que la *iustitia* est une vertu ordonnant les relations de l'homme à autrui. Puisque ces relations peuvent se situer à plusieurs niveaux, différentes dimensions de la justice peuvent être distinguées. La justice commutative (*commutativa*) règle les rapports entre personnes privées; par opposition, la justice distributive (*distributiva*) considère la relation du tout aux parties (II-II, q. 61, a. 1). Selon cette conception, la religion est également une relation qui relève de la justice (voir, à ce sujet, l'exposé fort détaillé de *ST* II-II, q. 81-100), comme par exemple la reconnaissance (*gratitudo*), la véracité (*veritas*), l'ironie (*ironia*), la libéralité (*liberalitas*) et l'avarice (*avaritia*, q. 117-119), ou encore l'amabilité (*affabilitas*). En traitant de ce dernier type de comportement (*ST* II-II, q. 114-116), Thomas en vient à affirmer l'amitié naturelle qui unit les hommes : « par nature tout homme est l'ami de tous les autres par un certain amour commun selon le mot de l'*Ecclésiaste* (13, 15) : "Tout être vivant aime son semblable." Les paroles et les gestes d'amitié qu'on adresse même à des étrangers et à des inconnus manifestent cet amour » (« omnis homo naturaliter omni homini est amicus »; *ST* II-II, q. 114, a. 1 ad 2; voir q. 157, q. 3, a. 3 ad 3).

Justice commutative. Dans diverses œuvres, Thomas accorde une attention et un soin particulier à l'étude de la justice commutative : elle concerne le vol (*ST* II-II, q. 66), le meurtre (q. 64), la peine de mort (q. 64, a. 2), le suicide (q. 64, a. 5) ainsi que toute injustice commise envers autrui en parole (q. 67-76); à cet ensemble appartiennent aussi les questions de la propriété privée, du juste prix (*ST* II-II, q. 77) et de l'usure. L'interdiction de se donner la mort est fondée d'une part sur l'amour naturel de soi, d'autre part sur l'appartenance de l'individu à la communauté (*civitas*; *ST* II-II, q. 59, a. 3 ad 2). Le même modèle d'argumentation, mettant en jeu la relation de la partie au tout, est utilisé pour justifier la peine de mort. Concernant les possessions, Thomas défend la légitimité d'une possession (*dominium*) naturelle, mais dérivée et non première, des choses extérieures; à cette fin, il avance la thèse anthropocentrique de la création du monde pour l'homme (à ce sujet, voir *ScG* III, c. 22, n. 2030-2031; *ST* I, q. 96, a. 3), à laquelle il joint trois arguments spécifiques : 1) chacun se soucie mieux de ce qu'il possède; 2) les affaires humaines sont mieux gérées lorsque les régimes de propriété sont clairement déterminés; 3) la propriété privée favorise l'entente paisible entre les hommes (*ST* II-II, q. 66, a. 2; *ScG* III, c. 127). La discussion de l'usure (*De malo*, q. 13, a. 4; *ST* II-II, q. 78, a. 1) donne lieu à une distinction décisive entre l'usage (*usus*) et la consommation (*consumptio*). Dans le cas des choses dont l'usage consiste en la consommation totale, comme le vin, il n'est pas légitime de séparer usage et consommation. Il en va autrement d'une maison par exemple, dont le propriétaire peut légitimement tirer un loyer. Concernant l'argent, Thomas adopte la conception aristotélicienne, selon laquelle il sert exclusivement aux échanges; l'argent appartient donc à ces objets dont l'usage coïncide avec la consommation. Puisque l'usage de l'argent ne se distingue pas de sa substance, l'usurier vend quelque chose d'inexistant, ou alors il vend deux fois la même chose. Dans le contexte des développements relatifs à la justice, les développements concernant les dix commandements bibliques ne sont pas dénués d'intérêt : les commandements du *Décalogue* appartiennent au domaine de la justice et sont des préceptes «avec lesquels la raison naturelle s'accorde immédiatement, comme avec quelque chose qui est manifeste au plus haut point (*manifestissimis*)» (*ST* II-II, q. 122, a. 1; voir aussi *ST* II-II, q. 140, a. 2 ad 3).

Le bonheur. Comme il a été brièvement signalé, le désir du bonheur constitue aux yeux de Thomas la base spéculative effective de la philosophie pratique. Dans la *Somme de théologie*, un traité entier est consacré à la félicité, pour ouvrir et fonder la partie morale de cette vaste synthèse théologique et philosophique (*ST* I-II, q. 1-5). Comme dans la partie de la *Somme contre les Gentils* consacrée au même sujet (III, c. 25-63), et de manière plus ample encore, Thomas démontre dans ce traité que l'homme agit en vue d'une fin dernière qui est son bonheur (*beatitudo*). En outre, il s'appuie sur Aristote pour établir la nature de ce bonheur qui ne consiste ni dans le plaisir sensible, ni dans la gloire, dans la richesse ou dans la puissance temporelle, non plus que dans une bonne vie morale, dans la prudence ou dans l'art, mais il coïncide avec l'activité de l'intellect spéculatif et réside dans la connaissance parfaite du plus noble objet de connaissance, à savoir la cause première ou Dieu. Or, cette perfection ne peut être atteinte par une simple connaissance de l'existence de cette cause; il faut encore en appréhender l'essence : « en vue de la parfaite félicité, il est nécessaire que l'intellect atteigne à l'essence de la cause première » (*ST* I-II, q. 3, a. 8).

Au moyen d'arguments de nature épistémologique, qui rappellent la nécessaire dimension empirique de la connaissance humaine, Thomas souligne l'incapacité naturelle de l'intellect humain à appréhender l'essence divine par ses propres forces, bien qu'il y aspire (voir *ST* I, q. 12). Ce désir naturel de connaître Dieu, l'aspiration à cet état parfait, qui meut tout homme, peut donc être établie sur le plan philosophique; tout comme il est possible de constater philosophiquement l'impossibilité de l'accomplissement de ce désir par les moyens de la philosophie, c'est-à-dire de l'intellect laissé à ses propres forces : « cela montre assez la grande angoisse (« quantam angustiam hinc inde ») qui, à cause de cela, tourmentait ces esprits supérieurs» (*ScG* III, c. 48, n. 2261). Du point de vue du théologien, la libération de cette angoisse qui affecte les philosophes est cependant possible grâce à la foi : elle promet en effet la possibilité pour l'homme d'obtenir la félicité parfaite, après cette vie et avec le secours de Dieu (voir *ST* I-II, q. 5; voir Imbach 2005).

La liberté. L'homme n'est pas libre de décider de la fin ultime de son existence, du bonheur auquel il aspire par nature. Cette thèse trace très clairement les limites du domaine de la liberté humaine et le champ de pertinence du projet éthique thomasien : tout comme l'intellect s'accorde par nature avec les premiers principes, la volonté est naturellement orientée vers la fin dernière de l'homme (*ST* I, q. 82, a. 1 et 2). Concernant le libre arbitre (*liberum arbitrium*), Thomas rejette en revanche la thèse de la nécessaire motion de la volonté à choisir quelque bien. Cette opinion est non seulement hérétique, contredisant la doctrine chrétienne des mérites et des récompenses, mais elle « subvertit aussi les principes de la philosophie morale » (*De malo*, q. 6). Si l'homme ne décidait pas librement, les conseils, réprimandes, préceptes, interdits, récompenses et punitions seraient en effet vains et la vie en société serait menacée. De plus, il est notoire que « l'homme n'aime rien tant que la liberté de sa propre volonté » (*De perf.*, c. 11, 79b). Dans l'usage linguistique commun, *"liberum arbitrium"* désigne le principe de l'acte libre, « ce par quoi l'homme juge librement » (*ST* I, q. 83, a. 2). L'analyse thomasienne de cet acte de libre décision distingue l'accomplissement de l'acte (*exercitium actus*) de son contenu objectif (*specificatio*) : le sujet agissant accomplit l'acte, tandis que sa *specificatio* est donnée par l'objet vers lequel l'acte est orienté. Du point de vue de l'accomplissement de l'acte, la volonté se meut elle-même non seulement à vouloir quelque chose, mais à *vouloir* absolument parlant. La volonté se meut spontanément à vouloir, en un premier acte de la volonté qui précède même la délibération intérieure (*consilium*; *De malo*, q. 6). Relativement au second aspect, il convient de rappeler que la volonté, en tant que telle, est orientée vers le bien comme vers son objet. De ce point de vue, l'acte de la volonté n'est pourtant pas déterminé par l'objet si le bien appréhendé n'est pas absolument bon, ou bien si l'homme n'est pas incliné par nature à vouloir la chose en question, à la manière dont il est, par exemple, naturellement enclin à désirer être, vivre et connaître ; dans ces cas, la volonté est incapable d'aspirer à l'objet contraire (*De malo*, q. 6).

L'acte propre de la puissance de décision (du *liberum arbitrium*) est le choix (*electio*). Il consiste à appréhender quelque chose tout en rejetant autre chose et procède de la coopération de l'intellect et de la volonté, car la délibération de la faculté cognitive se révèle nécessaire à l'élection, dans la mesure où elle indique une préférence. De son côté, la volonté tend vers l'objet choisi par la faculté délibérative (*ST* I, q. 83, a. 3). Les différents moments du choix peuvent être caractérisés par comparaison avec le processus cognitif : dans la connaissance, l'intelligence (*intelligere*) ne doit pas être confondue avec la réflexion (*ratiocinari*), car la première signifie une saisie intuitive alors que la seconde renvoie à un procès discursif (voir *supra*, p. 47-48), de même, dans le processus de libre décision, le vouloir (*velle*) et le choix (*eligere*) doivent être distingués. Le vouloir signifie « le simple appétit de quelque chose » (« simplex appetitus alicuius rei »), alors que le choix signifie « l'appétit de quelque chose en vue de quelque chose d'autre » (« appetere aliquid propter alterum »; *ST* I, q. 83, a. 4). La relation entre vouloir et *liberum arbitrium* correspond de fait à celle existant entre l'intellect (*intellectus*) et la raison (*ratio*).

ASPECTS DE LA PENSÉE POLITIQUE

L'homme : animal politique. Thomas n'est probablement pas le premier penseur médiéval à avoir reçu et commenté la *Politique* d'Aristote, mais son commentaire de cette œuvre a indéniablement contribué à réhabiliter et consolider cette partie de la philosophie pratique. Le prologue programmatique de son commentaire (*Pol.*, A69a-70b) procède à une justification de la « doctrine politique »; sur la base de la proposition aristotélicienne affirmant que « l'art imite la nature » (*Physique* II, 2; 194a21-22), il établit en effet que la nature fournit des modèles pour l'action et la pratique humaines. Le progrès observé dans la nature, de l'être simple au composé, vaut aussi pour l'agir humain. En tant qu'« animal politique », l'homme est orienté vers la communauté parfaite de la *civitas*; celle-ci apparaît comme le plus important des ensembles qui « puissent être connus et constitués par l'intellect humain » (*Pol.*, prol., A69b). Cette évaluation du politique débouche sur la nécessité d'une science s'occupant de la communauté humaine; en vertu de la dignité de son objet, la science politique doit occuper le premier rang parmi les sciences pratiques et figurer comme une discipline véritablement architectonique. Il faut donc donner raison à Aristote, lorsqu'il affirme que la politique (*politica*) porte à sa perfection la philosophie des choses humaines (*res humanae*; *Pol.*, prol., A70b).

Cette évaluation du politique est également conforme à l'interprétation thomasienne de la description aristotélicienne de l'homme comme *zoon politikon* (*Politique* I, 2, 1253a2-3; *Éthique à Nicomaque* I, 5, 1097b11). Se rapportant au syntagme aristotélicien, qui se rencontre chez lui dans trois traductions différentes (*animal sociale, civile, politicum*), Thomas rappelle volontiers la dépendance de l'homme envers son semblable lorsqu'il s'agit de sa survie même : « L'homme étant naturellement un animal social, il a besoin d'être aidé par d'autres hommes pour atteindre sa fin propre. C'est ce qui est réalisé de la façon la plus convenable quand existe l'amour mutuel entre les hommes » (*ScG* III, c. 117, n. 2897; voir aussi c. 128, n. 3001; c. 129, n. 3013; c. 131, n. 3029). Avec Aristote, Thomas considère le langage, en tant qu'il est une opération originairement humaine, comme un signe de la nature sociale de l'homme (*Pol.*, c. 1/b, A78b-79). L'homme est l'être vivant le plus apte à communiquer (*communicativus*; *De regno*, I, c. 1, 450a); il dispose de la connaissance du bien et du mal, du juste et de l'injuste, et il peut communiquer aux autres hommes ces contenus à l'aide du langage (*Pol.*, c. 1/b : A79a). Dans ce contexte, Thomas concentre sa conception du langage sur la fonction de communication des pensées – « parler à autrui n'est rien d'autre que de lui communiquer quelque conception de son esprit » (*conceptus mentis*; *ST* I, q. 107, a. 1) –, et confère à cette capacité un rôle éminemment social. Dans un autre contexte (*ST* I-II, q. 72, a. 4), Thomas attire encore l'attention sur le fait que l'homme est par nature lié à ses semblables; il rappelle un triple réseau relationnel comprenant et obligeant chaque homme: 1) sa relation à la raison, au moyen de laquelle il règle sa pratique et ses actions, 2) son lien à la loi divine, et enfin 3) un troisième ordre en vertu duquel l'homme, *animal politicum*, « est ordonné aux hommes avec lesquels il doit vivre ».

La loi. La vie commune est réglée par des lois. Thomas définit la loi (*lex*) comme une ordination (*ordinatio*) de la raison en vue du bien commun, qui est promulguée et publiée par celui à qui incombe le souci du bien commun (*ST* I-II, q. 90, a. 4). La loi est par conséquent une règle exprimée au moyen de propositions, qui meut l'homme à agir (I-II, q. 90, a. 1). Les lois peuvent alors être décrites aussi comme « des propositions (*propositiones*) générales de la raison pratique, orientées vers l'action » (*ST* I-II, q. 90, a. 1 ad 2). Cette description n'est cependant pas tout à fait suffisante, car toute proposition répondant au critère de la généralité et possédant un caractère prescriptif n'est pas forcément une loi ; seules de telles propositions orientées vers le bien commun peuvent y prétendre. Le but de la loi se laisse donc préciser ainsi : elle sert la vie commune en société, dans la paix. En raison de son imperfection intrinsèque, l'homme doit être dirigé dans la voie de la bonne conduite (*ST* I-II, q. 95, a. 1). La loi possède de fait un certain caractère contraignant (*vis coactiva*). La loi humaine n'est cependant que l'une parmi de nombreuses espèces de lois. Thomas traite encore de la loi éternelle (*ST* I-II, q. 93), de la loi naturelle (*ST* I-II, q. 94) et de la loi divine (*ST* I-II, q. 98-108 ; voir Imbach 2004).

Le meilleur régime. La question du législateur intervient dans le contexte de la loi humaine, qui n'est valable qu'une fois promulguée officiellement. Ce problème est traité en lien avec la théorie aristotélicienne des différentes formes de pouvoir. Selon Aristote (*Éthique à Nicomaque* VIII, 12-13 ; *Politique* IV, 9), il existe trois formes de gouvernement politique justes et trois formes injustes. Au second groupe appartiennent la tyrannie, l'oligarchie (la domination d'un petit groupe) et la démocratie (le pouvoir du peuple), alors que la monarchie, l'aristocratie et la timocratie (la domination de ceux qui sont économiquement indépendants) sont regardées comme des formes de gouvernement admissibles. Cette taxinomie n'est pas adoptée par Thomas telle quelle et il élabore une doctrine du gouvernement mixte dont il traite plus d'une fois dans son œuvre.

En raison de son genre littéraire, le *De regno* constitue un cas à part que nous laisserons de côté. C'est dans la *Somme de théologie*, qu'il développe la doctrine la plus complète sur le sujet. Il y plaide pour une forme mixte qui lie les avantages d'un grand nombre de citoyens qui gouvernent à ceux de l'unité de direction (*ST* I-II, q. 95, a. 4; voir Blythe 2005, p. 69-97). À d'autres endroits encore (*ST* I-II, q. 105, a. 1), il attire l'attention sur deux principes dont il importe de tenir compte dans ce genre de réflexions au sujet du meilleur gouvernement. 1) Lorsque chacun participe au pouvoir, la paix et l'amour de la communauté sont heureusement favorisés. 2) On peut accepter la hiérarchie aristotélicienne des formes de gouvernement, à la condition que la domination d'un seul repose sur la vertu du dirigeant et que l'aristocratie soit comprise comme la domination des meilleurs (*optimorum*). La réunion de ces deux perspectives produit en effet le « gouvernement mixte », dans lequel un homme unique régit, mais secondé par un conseil de sages. Tous les citoyens ont cependant part au gouvernement, car ils peuvent tous être élus (« ex omnibus eligi possunt ») ou élire (« ab omnibus eliguntur »).

La question du législateur peut être élucidée sur cet arrière-fond : il revient soit à la société tout entière soit à son représentant de promulguer les lois, car l'ordonnancement au bien commun est « soit l'affaire de la communauté entière (*totius multitudinis*) soit celle de celui qui tient lieu de tous » (« alicuius gerentis vicem totius multitudinis » ; *ST* I-II, q. 90, a. 3). Deux arguments plaident encore en faveur d'une législation à laquelle chacun participe. Thomas les introduit de cette manière : d'une part, il attire l'attention sur le fait que seule la communauté politique dispose de la puissance nécessaire à imposer des préceptes qui soient suivis par tous (*ST* I-II, q. 90, a. 3 ad 2) ; d'autre part, il souligne qu'une loi librement promulguée par une communauté, reposant sur le consensus de tous (« consensus totius multitudinis »), sera plus facilement obéie qu'une loi prescrite par la seule autorité gouvernante (*ST* I-II, q. 97, a. 3 ad 3).

La loi naturelle. Il ne faut cependant pas oublier que la loi humaine ne représente que le dernier degré d'une hiérarchie bien ordonnée de trois espèces de lois. La loi naturelle dépend de la loi éternelle et elle forme la base de la loi humaine. La loi éternelle, identique à l'intellect divin, est imitée par les créatures; elle est pour ainsi dire inscrite en elles (*ST* I-II, q. 91, a. 2). En tant qu'être libre et rationnel, l'homme a cependant part à cette loi de manière tout à fait particulière, car sa raison est capable de se diriger et de se rapporter au futur au moyen de prévisions. Thomas qualifie de loi naturelle (*lex naturalis*; *ST* I-II, q. 91, a. 2) cette participation spécifique et cognitive de l'homme à la loi éternelle. Par analogie avec l'intellect spéculatif, il postule un premier principe de la raison pratique, prescrivant qu'« il faut faire le bien et éviter le mal » (*ST* I-II, q. 94, a. 2). Il explique enfin la signification de la notion de bien qui sous-tend ce principe en précisant que l'homme appréhende comme bien ce à quoi il est enclin par nature : la raison conçoit comme bonne toute chose pour laquelle l'homme a une inclination naturelle (*naturalis inclinatio*; *ST* I-II, q. 94, a. 2). Il distingue trois sortes d'inclination de ce type : 1) en tant qu'être, l'homme partage avec tous les autres êtres le désir de conservation; 2) en tant qu'être vivant (*animal*), il partage avec tous les animaux la pulsion sexuelle et le désir de progéniture; 3) en tant qu'homme spécifiquement, il est enclin au bien; cette inclination-là est étroitement liée à la double définition de l'homme véhiculée par la tradition aristotélicienne, comme animal rationnel et politique. En raison de sa rationalité l'homme possède un désir inné de connaître; sa nature sociale lui confère par contre une tendance à la vie en communauté.

Les règles générales qui peuvent être déduites de ces trois inclinations naturelles sont non seulement connues de tout homme, mais elles valent aussi de manière atemporelle et invariable. Elles sont valables sans exception et sont immuables. Concernant l'application et la mise en pratique de ces principes universaux, il existe certes un espace de jeu. Cependant, la loi naturelle est résolument regardée par Thomas comme la ligne directrice obligatoire de toutes les lois humaines.

ONTOLOGIE, MÉTAPHYSIQUE, THÉOLOGIE PHILOSOPHIQUE

L'étant. Bien que Thomas n'ait évidemment pas disposé du terme "ontologie", qui s'oppose à celui de "métaphysique", il paraît indiqué d'isoler sous le chef d'ontologie la thématique philosophique de l'être telle qu'elle est posée de manière programmatique par Aristote, au quatrième livre de la *Métaphysique*. Thomas répète à de très nombreuses reprises une sentence qu'il attribue à Avicenne, selon laquelle « l'étant est ce qui tombe en premier sous l'intellect » (par exemple *De veritate*, q. 2, a. 1; q. 21, a. 4, ad 4; *ST* I, q. 11, a. 2 ad 4; I-II, q. 55, a. 4 ad 1; I-II, q. 94, a. 2; II-II, q. 83, a. 9; III, q. 6, a. 5, etc.). Cette proposition signifie d'abord que l'*ens* est la notion la plus connue, à laquelle toutes les autres notions peuvent être ramenées et dont elles peuvent être dérivées (*De veritate*, q. 1, a. 1). Il s'agit du concept « dont l'intellection est incluse dans tout ce qui peut être appréhendé » (« cuius intellectus includitur in omnibus quaecumque quis apprehendit », *ST* I-II, q. 94, a. 2). La signification de cette affirmation peut être expliquée au moyen d'une comparaison : l'étant est le premier objet de l'intellect, vers lequel l'intellect est orienté, comme la vue est orientée vers ce qui est visible (*ST* I, q. 5, a. 2). En outre,

Thomas invite à distinguer deux significations principales du mot "étant" (*De ente*, c. 1, 369a-b) : 1) d'un côté, le terme peut signifier ce au sujet de quoi une proposition affirmative peut être formée ; 2) de l'autre côté, il désigne les dix catégories. Dans ce cas, le terme renvoie à quelque chose de réellement existant, alors que, dans le premier cas, la copule "est" sert à exprimer la vérité de l'énoncé (voir la description du *De ente et essentia*). En effet, « lorsque nous disons que quelque chose est, nous voulons signifier que la proposition est vraie » (*Metaph.*, V, lect. 9, n. 895).

Les catégories. Thomas n'a pas seulement repris la distinction aristotélicienne entre substance, comme étant indépendant et véritable, et accident, dont le propre est d'exister dans un autre ; il a aussi adopté la classification de l'étant en dix catégories (*praedicamenta*). À la différence d'Aristote, il a cependant tenté une stricte déduction des catégories à partir d'un principe, ainsi qu'une démonstration de leur exhaustivité et de leur nécessité (*Metaph.*, V, lect. 9, n. 889-896 ; *Phys.*, III, lect. 5, n. 322). La différenciation des catégories ne peut procéder à la manière de la distinction de plusieurs espèces sous un genre, car les accidents aussi bien que la substance sont des étants et rien ne peut être ajouté à l'étant de l'extérieur. La distinction des différents modes d'être (*modi essendi*) correspond en revanche à celle des différentes manières dont le prédicat est dit de son sujet au moyen de la copule "est", car les modes de prédication (*modi praedicandi*) suivent et manifestent les modes d'être. C'est pourquoi les modes de prédication signifient les modes d'être et le nombre des modes de prédication correspond à celui des modes d'être (*Metaph.*, V, lect. 9, n. 890 : « tot modis significatur aliquid esse »).

La description des dix catégories peut donc se déployer sous la forme d'une analyse du jugement. Fondamentalement,

on distingue trois sortes de rapport du prédicat (P) au sujet (S) :
a) l'identité de S et P ; b) l'inhérence de P en S ; c) l'extériorité
de P par rapport à S.

De la première manière (a), on prédique la substance (1),
par exemple lorsque l'on forme la phrase suivante : « Socrate
est un homme ».

Lorsque P signifie quelque chose qui est inhérent au sujet
(b ; *inesse*), ce prédicat peut renvoyer soit à la matière – c'est
alors la quantité qui est désignée (2) – soit à la forme – et dans
ce cas la qualité (3) sera signifiée. Une relation (4) est exprimée lorsque P signifie quelque chose de S qui est rapporté à
quelque chose d'autre (« inest… in respectu ad alterum »).

L'extériorité du troisième type de rapports du prédicat au
sujet (c) peut être envisagée de deux manières : soit P désigne
quelque chose appartenant au domaine des causes, lorsque
l'agir (*actio*, 5) et la passion (*passio*, 6) sont prédiqués du sujet,
soit il désigne une mesure extérieure, dans le cas des catégories du temps (*quando*, 7), du lieu (*ubi*, 8) et de la situation
(*situs*, 9). Une catégorie de prédicat est enfin spécifiquement
humaine : lorsque l'on dit « Socrate est habillé », on signifie
une possession de S (*habitus*, 10). Selon la doctrine que
Thomas articule dans ce texte, les modes d'êtres peuvent donc
être découverts en suivant le fil conducteur de l'analyse du
jugement. Thomas est parfaitement conscient du fait que la
copule "est" n'intervient pas telle quelle dans toutes les propositions. C'est pourquoi il précise que les propositions dont le
verbe principal est du type de « court » dans « Socrate court »
peuvent toujours être transformées en propositions de la forme
« S est P », en l'occurrence « Socrate est courant » (*Metaph.*, V,
lect. 9, n. 893). La règle suivante vaut ainsi sans exception :
« quot modis praedicatio fit, tot modis ens dicitur » (voir
Breton 1962, Wippel 1987, Wippel 2000, p. 197-237).

Les transcendantaux. La méthode thomasienne pour découvrir les déterminations de l'étant que la tradition a nommées « transcendantaux » est comparable au procédé qui sert à établir les catégories (*De veritate*, q. 1, a. 1 ; q. 21, a. 1 ; pour cette doctrine voir Kühn 1982, Aertsen 1996, Ventimiglia 1995, 1997). Les « modes d'être généraux qui suivent tout étant » sont également élucidés par le biais d'une analyse du jugement. Au contraire des catégories, dont chacune exprime un degré d'être – l'être en soi ou l'être dans un autre –, les modes d'être qui sont parfois désignés par Thomas comme *transcendentia* sont des déterminations qui reviennent à tout étant en tant que tel. Ils sont donc transcatégoriels, c'est-à-dire qu'ils traversent toutes les catégories, et c'est pourquoi ils sont nommés « transcendantaux ». Ils désignent quelque chose d'identique à l'étant en tant que tel, mais qui n'est pas exprimé par le concept et le mot « étant ». Cette nature du transcendantal peut être clarifiée quand on précise que ces déterminations sont réellement identiques à l'étant, mais qu'elles s'en distinguent selon la raison (*ratione differunt*). Il s'ensuit également qu'elles sont convertibles avec l'étant, de sorte qu'elles peuvent être dites de l'étant en place de sujet ou que l'étant, en place de prédicat, peut être dit d'elles.

Comme nous l'avons signalé, une analyse du jugement permet de les découvrir (cf. *De veritate*, q. 1, a. 1) : il s'agit alors de rechercher quelles propositions, affirmatives et négatives, concernent *tout* étant. Les prédications au sujet de l'étant se rapportent soit 1) à l'étant en tant que tel, soit 2) à l'étant en relation à autre chose (« in ordine ad aliud »). Les énoncés affirmatifs au sujet de l'étant se rapportent (1.1) à l'essence, ou bien appartiennent (1.2) à l'existence du sujet en question. La première possibilité (1.1) est indiquée par la détermination transcendantale *"res"* : la proposition « omne ens est res » signifie en effet que tout étant possède une détermination essentielle, alors que le mot *"ens"* (1.2) signifie en propre l'acte de l'étant, en ce sens qu'il est existant. Il y a également un jugement négatif valant pour tout étant : « tout étant est un ». Avec Aristote, Thomas conçoit en effet la signification de *unum* dans le sens d'indivis (*indivisum*).

Si l'on envisage maintenant les énoncés qui concernent l'étant en relation à quelque autre chose, on peut à nouveau distinguer les propositions affirmatives (2.2) des propositions négatives (2.1). En raison de sa détermination essentielle (*res*), tout étant est différent des autres, c'est-à-dire qu'il est un « autre quelque chose » (*aliud quid*). Cette négation (2.1) conditionnée par la détermination intrinsèque et propre de l'étant est signifiée par le terme *"aliquid"* et exprimée par la proposition « tout étant est un autre quelque chose », qui équivaut à « tout étant est différent des autres étants » (voir Rosemann 1996, p. 48-71). Pour élucider la manière dont le cas 2.2 doit être envisagé – à savoir les énoncés affirmatifs au sujet de l'étant considéré dans sa relation à quelque autre chose –, il convient de prendre en considération un étant privilégié par son mode d'être, qui dispose de la capacité de rencontrer (*convenire*) les autres choses. Selon Thomas, cet étant est l'âme humaine, dont Aristote a eu raison de dire qu'elle est en un certain sens toutes choses (*De anima* III, c. 8, 431b21). Cette capacité de conformité de l'âme avec autre chose que soi constitue d'une part le désir, d'autre part la connaissance, c'est-à-dire les deux manières dont l'homme est en relation à la réalité extérieure. Si l'on considère donc cet étant particulier et sa relation à la réalité, il est possible de former deux propositions qui valent pour tous les étants : (3.1) « tout étant est bon », ce qui signifie qu'il peut être l'objet du désir humain ; (3.2) « tout étant est vrai », où le concept "vrai" est compris dans le sens de "connaissable" – cette proposition signifie donc que tout étant peut être objet de la connaissance humaine.

Élargissement de l'ontologie. L'analyse thomasienne des transcendantaux est remarquable, en ce qu'elle utilise le langage et la connaissance humaine qui s'articule en jugements, comme fil conducteur de la découverte et de l'établissement des déterminations les plus générales de l'être. Par delà cet aspect méthodologique, il convient de prêter attention à l'élargissement de la perspective ontologique à l'œuvre dans cette démarche. Grâce au recours à des thèses philosophiques arabes (Avicenne) et à la tradition néoplatonicienne (Denys l'Aréopagite), en approfondissant aussi certains philosophèmes aristotéliciens, Thomas élargit l'ontologie aristotélicienne de la substance en direction d'une saisie de la réalité qui ne regarde pas seulement l'étant, objet de la métaphysique, du point de vue de sa détermination essentielle et de son existence, mais qui le met aussi en relation à l'homme comme être connaissant et désirant. La réflexion relative aux conditions de possibilité d'une réalité ainsi constituée, qui soit bonne et connaissable en soi, et l'élucidation de sa relation à l'homme, débouche sur la question des *conditions de possibilité* de cette relation : Dieu.

Théologie philosophique. Thomas a indubitablement voulu démontrer l'existence de Dieu au moyen d'arguments rationnels : cela lui était nécessaire pour établir l'existence de l'objet de la science qu'il allait développer. Il rejette la thèse, qu'il attribue à Anselme de Cantorbéry, selon laquelle la proposition « Dieu est » serait connue par soi (*per se notum*), son prédicat étant contenu dans son sujet (*ScG* I, c. 10 ; *ST* I, q. 2, a. 1). En outre, il argumente en faveur du caractère démontrable de la vérité de cette proposition (*ScG* I, c. 12 ; *ST* I, q. 2, a. 2). Dans ce contexte, le terme « démontrable » (*demonstrabile*) signifie « prouver » (*demonstrare, probare*) au moyen d'une argumentation strictement philosophique qui suive les règles de la syllogistique aristotélicienne, comme en témoigne clairement la distinction faite par Thomas de deux types de preuves, dans la lignée Aristote (*Analytiques postérieurs* I, 13, 78a22) – distinction qui présuppose une identité entre connaissance et saisie des causes : 1) dans un premier cas, l'existence de la cause est inférée à partir de son effet (*demonstratio quia*); 2) dans le second cas, un effet est déduit de sa cause (*propter quid*). La seconde espèce de preuves présuppose une connaissance de l'essence de la cause. Ce réquisit n'est manifestement pas rempli lorsqu'il s'agit de Dieu, c'est pourquoi la science de l'existence de Dieu ne peut en aucun cas procéder de manière hypothético-déductive et être fondée en raison de cette manière. Au contraire, la thèse de la démonstrabilité de l'existence de Dieu au moyen d'une preuve du premier type, fondée sur le paradigme de la cause et de l'effet, peut au mieux être associée à la célèbre proposition paulinienne de la *Lettre aux Romains* I, 20, qui indique les voies d'une connaissance du Dieu invisible à partir des créatures visibles. Cette correspondance entre témoignage biblique et analyse philosophique, ainsi que la thèse de la démonstrabilité de l'existence de Dieu, conjointe à l'affirmation de la nécessité de cette preuve, constituent autant d'éléments caractéristiques de la position de Thomas, critique et optimiste à la fois, qui ne veut ni laisser la connaissance du divin à la seule foi, ni admettre une réduction de la foi aux limites de la simple raison.

Preuves de l'existence de Dieu. Dans la *Somme contre les Gentils* comme dans la *Somme de théologie*, Thomas avance plusieurs arguments en faveur de l'existence de Dieu ; la *Somme de théologie* les désigne comme « voies » (*viae* ; au sujet de ces preuves, voir Gilson 1965, p. 67-97, Van Steenberghen 1980, Elders 1995, Wippel 2000, p. 379-500). La structure portante de ces célèbres cinq voies, telles qu'elles se présentent dans la

Somme de théologie (I, q. 2, a. 3), comprend quatre moments : 1) La référence à une connaissance confirmée par l'expérience sensible et accessible à tout homme ; 2) une interprétation philosophique de ces données empiriques ; 3) la preuve de la nécessaire existence d'un premier dans le champ de l'expérience ; 4) l'identification enfin de ce premier avec le Dieu de la religion (« et celui-ci, tous le nomment Dieu »). Les expressions qui servent à décrire le premier pas – « il appert par les sens » (*sensu constat*), « nous découvrons » (*invenimus*), « nous voyons » (*videmus*) – confirment manifestement que ces éléments sont accessibles à tout un chacun, à savoir le mouvement (voie 1), la causalité (voie 2), la génération et la corruption (voie 3), la distinction de degrés de perfection (voie 4) et l'orientation de la nature vers une fin (voie 5). Pour interpréter en philosophe ces diverses données d'expérience, Thomas mobilise de nombreux modèles, se référant à différentes traditions (voir Elders 1995, p. 121-224, Elders 1980). La première voie présente clairement un condensé de la preuve aristotélicienne en faveur d'un premier moteur non mû (*Physique* VIII et *Métaphysique* XII, 6-8), alors que la troisième voie renvoie manifestement à Avicenne et à Maïmonide. Malgré la référence explicite à Aristote, la quatrième voie peut par contre être décrite comme platonicienne (voir Wagner 1989). En outre, dans la mesure où les différents arguments visent un même but – prouver l'existence d'une cause première à partir d'un effet observable et observé –, on ne s'étonne guère du rôle majeur joué dans ce processus par l'impossibilité d'un *regressus ad infinitum* dans l'ordre des causes, telle qu'elle est prouvée par Aristote en *Métaphysique* II, 2 (994a1-b31) : la conclusion d'un unique premier repose sur elle.

La première voie. La première voie part du constat que quelque chose est mû. Elle est présentée comme la preuve la plus évidente. Deux affirmations philosophiques y jouent un rôle décisif : 1) le principe que la tradition définira comme principe de causalité, selon lequel « tout ce qui est mû [changé] est mû [changé] par un autre que soi » (« omne quod movetur ab alio movetur » ; voir Weisheipl 1965) ; 2) tout aussi importante est l'interprétation du changement au moyen de l'opposition entre acte et puissance ; le changement est donc défini comme suit : « mouvoir [changer] ne signifie rien d'autre que de faire passer quelque chose de la puissance à l'acte » (« educere aliquid de potentia in actum »). La réflexion part de la constatation du changement, elle admet ensuite l'impossibilité d'un *regressus* à l'infini, et postule enfin l'existence d'un moteur non mû, d'un premier moteur qui n'est mû par aucun autre (« primum movens quod a nullo movetur »). Bien que cette voie soit immédiatement inspirée par *Métaphysique* XII et *Physique* VIII (voir Van Steenberghen 1980, p. 165-180, Elders 1995, p. 151-162), Thomas libère l'argument de son contexte cosmologique et le traduit dans le vocabulaire abstrait de l'acte et de la puissance. Dans la troisième voie, Thomas traduira les phénomènes de devenir et de corruption dans le vocabulaire de la potentialité, du pouvoir être et de l'impossibilité à être ; sur cette base, il exigera de reconnaître l'existence d'un étant qui soit nécessairement, par opposition aux étants du monde empirique, qui peuvent ne pas être (voir Van Steenberghen 1980, p. 187-205, Elders 1995, p. 168-181, Wippel 2000, p. 462-469).

Les cinq voies. Thomas semble admettre très clairement que la question « qu'est-ce que c'est ? » (*quid est*) suive logiquement et chronologiquement la question de l'existence (*an sit*), et que la méthode philosophique n'atteigne qu'une connaissance de l'existence de Dieu, à l'exclusion de toute appréhension de son essence. Les cinq arguments signalent toutefois des aspects décisifs pour une conception de la divinité. Alors que la première voie démontre l'identité entre le premier, que tous nomment « Dieu », et l'acte pur, la troisième voie le présente comme être nécessaire. La quatrième voie démontre la nécessité d'un maximum à partir de la considération des degrés d'être des choses (*magis et minus*); Dieu y apparaît alors comme « ce qui est le plus vrai et le plus noble, et par conséquent le plus étant (*maxime ens*) »; cette perfection absolue lui confère également le statut de cause de toutes les perfections (voir Van Steenberghen 1980, p. 205-228, Wippel 2000, p. 469-479). Enfin, la cinquième voie engage une interprétation de la première cause efficiente, découvert dans la seconde voie, comme être pensant et intelligent : l'orientation évidente des étants non intelligents vers une fin présuppose une raison ordonnatrice (Van Steenberghen 1980, p. 229-235, Elders 1995, p. 196-206, Wippel 2000, p. 480-485).

Les preuves dans la Summa contra Gentiles *et dans le* Commentaire de Jean. Dans la *Somme contre les Gentils* (I, c. 13, n. 81) rédigée avant la *Somme de théologie*, Thomas expose les raisons « au moyen desquelles, les philosophes aussi bien que les docteurs de l'Église ont prouvé que Dieu existe ». Il commence avec deux « voies » qu'il attribue explicitement à Aristote. Elles développent la preuve par le mouvement (*ScG* I, c. 13, n. 81-112) avec une abondance étonnante de détails et de références explicites à la *Physique* (avant tout VI, VII, VIII). En troisième lieu (n. 113), Thomas prouve de manière fort concise l'impossibilité d'un *regressus* à l'infini dans la série des causes efficientes, puis l'existence d'une première cause efficiente (*causa efficiens*). Une quatrième preuve (n. 114) repose sur une prémisse tirée de *Métaphysique* II, 1

(993b26-31) : (M) Les choses qui sont vraies au plus haut point sont aussi des étants au plus haut point. Puisque (m) il existe quelque chose qui est vrai au plus haut point, il s'ensuit (C) qu'il existe un étant qui soit étant au plus haut point (*maxime ens*), celui que « nous appelons Dieu ». Finalement, le cinquième argument, très brièvement développé lui aussi, s'appuie sur Jean Damascène et Averroès (n. 115) : il découvre que Dieu est la condition de possibilité de l'ordre du monde.

Dans le *Prologue* du *Commentaire de Jean* (*In Ioh.*, n. 2-6), le lecteur rencontre un autre groupe d'arguments encore. Quatre modes (*quattuor modi*) y sont présentés, au moyen desquels les philosophes antiques sont parvenus à une connaissance du divin. À cet endroit, Thomas prétend que la voie la plus efficace pour connaître Dieu procède de l'ordre du monde visible et de son ordonnancement à une fin, toutes deux manifestes aux sens (*videmus*) ; elle conduit nécessairement à la thèse postulant « quelque chose de supérieur, qui ordonne ces choses à leur fin et les dirige ». D'autres philosophes ont cependant considéré l'immutabilité comme critère de perfection et posé un premier principe immuable, cause des choses changeantes. De leur côté, les platoniciens admettaient au départ de leur argumentation la nécessaire reconduction (*reducitur*) de tout ce qui est quelque chose par participation à ce qui est tel par essence (*per essentiam*). Puisque tout ce qui est, participe de l'être (*esse*), il est nécessaire de poser quelque chose « qui soit l'être même par son essence », dont l'essence coïncide avec l'être (« quod sua essentia sit suum esse »). Selon ce commentaire, un dernier groupe de philosophes a enfin jugé nécessaire d'admettre l'existence de Dieu en raison de l'imperfection de la connaissance humaine. Puisque toute connaissance que peut appréhender l'intellect humain est limitée, il faut qu'existe une vérité première et supérieure, « qui surpasse tout intellect » (« quae superat omnem intellectum »).

L'expérience de l'être pensant. Dans un texte remarquable (*ST* I, q. 79, a. 4), qui rappelle certains aspects du *Prologue* du *Commentaire de Jean*, Thomas a tenté de prouver la nécessaire existence d'un intellect transcendant, duquel l'âme humaine reçoit son pouvoir de connaître; cette démonstration s'inscrit dans le contexte d'une discussion sur l'intellect agent. Le cheminement de l'argumentation peut être résumé de la manière suivante : 1) Ce qui participe à autre chose est changeant et imparfait; il présuppose quelque chose de parfait, qui possède la qualité participée par essence et parfaitement. 2) L'âme humaine dispose d'une faculté intellective, mais de manière imparfaite, car elle ne connaît pas tout et connaît de manière déficiente et discursive seulement. 3) L'existence d'un intellect supérieur, qui soit parfait, s'avère donc nécessaire à l'accomplissement de l'opération intellectuelle de l'âme (« quo anima iuvatur ad intelligendum »). Thomas conçoit toutefois cette dépendance non pas à la manière d'une illumination intervenant dans le processus cognitif, mais comme le don d'une faculté cognitive indépendante. L'importance de cette réflexion, dont la pertinence n'a pas toujours été justement évaluée, consiste en une inflexion par rapport aux preuves de l'existence de Dieu mentionnées jusqu'ici : l'argumentation se fonde sur l'expérience cognitive humaine en général et non pas sur la seule expérience sensible. Ce ne sont plus le mouvement ou l'ordonnancement des choses à leur fin qui font l'objet d'une analyse et permettent de remonter à leurs dernières conditions de possibilité, mais l'expérience personnelle de l'homme qui pense.

L'être même (*ipsum esse*). L'écrit de début de carrière *De l'être et de l'essence* présente une autre argumentation, à forte couleur métaphysique, qui peut aussi être mis en relation avec les preuves de l'existence de Dieu (c. 4, 376a-377a; voir aussi

ScG II, c. 15; *ST* I, q. 65, a. 1). Dans ce passage, Thomas entend montrer que 1) l'être de tout étant, dont l'essence n'est pas identique à l'être, est causé, et que 2) ce qui est par un autre que soi (*per aliud*) doit être reconduit à quelque chose qui est par soi (*per se*). Il faut donc poser 3) quelque chose qui soit la cause de l'être de toutes choses. Thomas le désigne comme « l'être même » (*ipsum esse*; *ScG* II, c. 15, n. 926). Trois arguments philosophiques développés dans le *De potentia* (q. 3, a. 5) méritent également quelque attention : ils prouvent la nécessaire existence d'une cause de l'être de toutes choses. Sous le chef d'argument de Platon (*ratio Platonis*), Thomas présente la théorie selon laquelle tout ce qui se rencontre dans plusieurs singuliers et qui est commun à plusieurs doit être ramené à une cause commune. Recourant à Aristote (*Métaphysique* II), le deuxième argument postule un étant absolument parfait (*perfectissimum ens*) sur la base d'une hiérarchie allant du moins au plus, tandis qu'Avicenne est invoqué comme source de la troisième argumentation qui prouve la nécessaire existence d'un premier dans l'ordre de la participation et qui aboutit à la démonstration de l'existence d'un « premier étant, qui est acte pur ».

La triple voie. L'approfondissement de la théorie philosophique du divin emprunte la voie indiquée par Denys l'Aréopagite, avec la *triplex via* de la causalité, de l'éminence (*eminentia*) et de la négation (*De trin.*, q. 1, a. 2). En premier lieu, une réflexion sur les conditions impliquées dans tout rapport causal permet d'enquêter sur les propriétés qu'il faut attribuer à Dieu « en tant qu'il est la première de toutes les causes » (*ST* I, q. 12, a. 12). Deuxièmement, il convient de découvrir la relation de ressemblance existant entre un effet et sa cause. Enfin, il s'agit de reconnaître l'imperfection relative du participé et de l'exprimer au moyen de la négation : l'image n'atteint jamais au degré de perfection de sa cause. La triple voie aboutit donc à la connaissance « que Dieu est (*quia est*), qu'il est la cause de toutes choses, qu'il est suréminent (*aliis supereminens*) et différent de toutes choses (*ab omnibus remotus*) ». L'ultime connaissance humaine de Dieu, la plus parfaite qui soit, est donc atteinte « lorsque nous parvenons à connaître ce que Dieu n'est pas (*quid non sit*), alors que ce qu'il est nous demeure totalement inconnu » (*ScG* III, c. 49, n. 2270). Toute négation présuppose certes une certaine affirmation – et cela vaut aussi pour la connaissance du divin (*De potentia*, q. 7, a. 5) –, cependant la théologie philosophique procède en premier lieu sur la voie de la négation, selon le projet énoncé au début de la *Somme de théologie* : suite à la preuve de l'existence de Dieu, intervient en effet la question « comment est-il ? » (*quomodo sit*), qui doit être reformulée en « comment n'est-il pas ? » (au sujet de la théologie négative, voir Humbrecht 2006). En déniant à Dieu ce qui ne peut lui être attribué, le théologien découvre ses attributs les plus évidents : par la négation de la composition, la simplicité (*ST* I, q. 3) ; par la négation du changement, l'immutabilité (*immutabilitas* ; q. 9) ; par la négation de la temporalité, l'éternité (q. 10) ; par la négation de la pluralité, l'unité (q. 11). L'attribut de simplicité permet non seulement d'introduire la preuve que Dieu est acte pur (*actus purus*), mais aussi celle de l'identité de son être et de son essence (q. 3, a. 4). La pure actualité, signifiée au moyen du syntagme *ipsum esse per se subsistens* (*ST* I, q. 4, a. 2 ; q. 44, a. 1 ; *cf.* Rosemann 1996, p. 94-115), implique une absolue perfection, car la perfection d'une chose est fonction de son être en acte (*in actu* ; q. 4. a. 1). Ainsi Dieu possède-t-il « la perfection de l'être » (*perfectio essendi* ; q. 4, a. 2). Il est bon par essence, puisqu'est bon ce qui est désirable en tant qu'il est en acte (*ST* I, q. 4-5).

Connaître et nommer Dieu. En tant que pure actualité, la perfection divine ne comporte pas seulement une identité de son être et de son essence, mais aussi une parfaite coïncidence de son être à ses opérations de volonté et de pensée : la pensée divine est sa substance (*ST* I, q. 14, a. 4), dans la mesure où le sujet connaissant, l'objet connu et l'acte de connaissance sont en Dieu absolument identiques. La connaissance divine tout entière est en effet connaissance de soi (q. 14, a. 2 et 3). Ce qui n'exclut pas que Dieu, en se connaissant, connaisse ce qui est différent de lui (q. 14, a. 6). Il est de fait la cause pensante de toutes choses. Pour expliquer la thèse qui identifie le connaître divin à la « cause des choses » (q. 14, a. 8), Thomas adopte la doctrine platonico-augustinienne des idées (Wippel 1993, Boland 1996, Geiger 2000). Dans son interprétation, les idées divines sont une connaissance de l'essence divine se concevant comme imitable par les créatures (*ST* I, q. 15, a. 2). Il importe de saisir toute la portée et les conséquences de la thèse identifiant Dieu à sa propre pensée.

Thomas a intensément discuté des limites de la possible connaissance humaine de Dieu ; il n'a cessé d'insister sur le nécessaire départ empirique de toute connaissance humaine (*ST* I, q. 12, a. 12 : « naturalis nostra cognitio a sensu principium sumit ») ; mais il a aussi traité en profondeur du problème des noms divins, comme les autres théologiens de son temps. Puisque, par son être, toute créature imite Dieu d'une manière spécifique, puisque toute créature est ainsi semblable à Dieu, il existe des noms qui désignent l'essence divine, qui peuvent donc être prédiqués *substantialiter* de Dieu (*ST* I, q. 13, a. 2). Il faut toutefois nuancer cette thèse : tout nom attribué à Dieu à partir d'une connaissance de la créature est chargé de l'imperfection inhérente à la créature. Thomas démarque donc la chose signifiée par le nom (*res significata*) de son mode de signification (*modus significandi*). Le signifié du nom en question peut, dans certains cas, être exempt de défaut, mais «dans tout nom énoncé par nous, quant à son mode de signifier, réside une imperfection» (*ScG* I, c. 30, n. 277). Les noms dont le signifié n'est pas nécessairement lié à un sujet fini, dont le contenu de signification est pur de tout rapport à la matière, à la potentialité ou au mouvement, peuvent être attribués à Dieu proprement (*proprie*) et par antériorité (*per prius*; *ST* I, q. 13, a. 3). En effet, Dieu possède pleinement ces perfections – par exemple la bonté et la sagesse –, alors qu'elles ne sont réalisées dans les créatures que de manière déficiente. En outre, les noms qui peuvent être prédiqués proprement de Dieu ne sont pas synonymes, dans la mesure où ils permettent d'exprimer la perfection divine de plusieurs manières: «Bien que les noms que nous attribuons à Dieu désignent une unique chose (*una res*), ils ne sont pas synonymes, car ils la signifient selon des raisons multiples et diverses» (*ST* I, q. 13, a. 4). Puisqu'une similitude existe entre le signifié du nom et Dieu, il est possible d'exclure une pure équivocité; puisque ce rapport de ressemblance consiste en celui d'une imitation déficiente de son participé, l'univocité doit également être refusée à la prédication de noms divins. Le contenu de signification affirmé de Dieu et de la créature n'étant ni parfaitement identique, ni totalement différent, il existe entre les deux significations un rapport de proportionnalité: ces noms sont dits de Dieu et de la créature de manière analogue (*analogice dicuntur*; voir Montagnes 1963, Lonfat 2004, Courtine 2005, Ashworth 2008). Mais, dans ce cas particulier, le rapport à l'œuvre dans l'analogie doit exprimer la dépendance réelle de la créature au créateur; il est donc impossible que les deux significations soient rapportées à un troisième terme. Bien plus, «puisque l'ordre des noms suit l'ordre de la connaissance» et ce dernier obéit à l'ordre de la réalité, nous avons affaire à un rapport «à l'un des deux termes » (« ad unum ipsorum »; *ScG* I, c. 34, n. 297) ou « de l'un à l'autre de deux » (« respectus unius ad alterum »; *De potentia*, q. 7, a. 7). Ainsi, tout ce qui est dit de Dieu et de la créature « exprime un certain rapport de la créature à Dieu, comme à son principe et à sa cause première » (*ST* I, q. 13, a. 5).

« *Je suis celui qui suis* ». Bien que les divers noms divins remplissant les conditions requises par cette prédication désignent tous Dieu, Thomas accorde à l'un d'eux un primat incontestable. Le nom le plus propre de Dieu est celui que révèle l'*Exode* 3, 14 : « Je suis celui qui suis » (*ST* I, q. 13, a. 11 ; *De potentia*, q. 7, a. 5 ; à la suite de Gilson, on a parlé de la métaphysique de l'Exode). Quatre motifs permettent de rendre compte de ce primat : 1) Puisqu'en Dieu l'être est identique à l'essence, ce nom renvoie également à l'essence divine. 2) Par ailleurs, le verbe "être" exprime le présent et attire donc l'attention sur l'éternelle présence de l'exister divin (*Sent.* I, d. 8, q. 1, a. 1). 3) L'être est l'effet de Dieu, qui s'étend à toutes choses – cette dimension est également touchée par le nom de Dieu livré par l'*Exode* (*De div. nom.*, c. 5, lect. 1). 4) Enfin, le primat de ce nom tient à la finitude de la connaissance humaine de Dieu. "*Esse*" constitue le nom le plus adéquat de Dieu, car il est le plus indéterminé de tous les noms divins (*De potentia*, q. 7, a. 5). En raison de son indétermination, le terme "être" demeure ouvert à toutes déterminations ; il est donc particulièrement propre à exprimer conjointement la pauvreté de la connaissance humaine et la plénitude de la perfection divine. D'un point de vue philosophique, la théorie du divin élaborée par Thomas d'Aquin révèle donc une tension entre le désir de connaître Dieu d'une part – désir inhérent à tout homme et moteur ultime qui autorise et explique tout l'effort philosophique (*ScG* III, c. 25, n. 2065) –, et l'indépassable déficience d'autre part, qui demeure nécessairement attachée à toute connaissance humaine de Dieu : « Tel est le point culminant de la connaissance humaine de Dieu : elle sait qu'elle ne connaît pas Dieu, étant donné qu'elle reconnaît que l'être divin surpasse tout ce que nous pouvons connaître de lui » (*De potentia*, q. 7, a. 5, ad 14).

CROYANCE, SCIENCE, THÉOLOGIE

Nécessité de la théologie. Pour un théologien de métier de la deuxième moitié du XIIIe siècle, la question du rapport entre foi et science et, par conséquent, entre théologie et philosophie envisagées comme des disciplines scientifiques, relève tout naturellement de motifs systématiques : il s'agit de déterminer quelle valeur attribuer aux propositions théologiques d'un point de vue cognitif et scientifique. Le développement des universités et de leurs facultés avait alors complètement modifié les conditions de l'enseignement de la théologie et le statut conféré aux enseignants. La démarcation entre philosophie et théologie était devenue une question urgente. Ainsi, dans le contexte scientifique qui était celui de Thomas, le problème des relations entre théologie et philosophie ne possède pas seulement une pertinence systématique, mais acquiert aussi une importance sociale, dans l'optique d'une sociologie du savoir. Cette dimension ne devrait en aucun cas être négligée : Thomas débute en effet son introduction épistémologique au *Commentaire des Sentences* et à la *Somme de théologie* avec la question de la nécessité d'un enseignement théologique en plus des disciplines philosophiques (« praeter philosophicas disciplinas »; *Sent.*, prol., a. 1, dans Oliva 2006, p. 310-314; *ST* I, q. 1, a. 1). Ce questionnement peut être lu comme une réponse au moins indirecte aux professeurs de la Faculté des arts, qui avaient non seulement revendiqué

l'autonomie de la pratique philosophique et de son enseignement universitaire, mais aussi une forme d'indépendance de la
discipline philosophie elle-même, dans le sens d'une auto-
suffisance de l'enseignement philosophique, telle qu'elle est
postulée de manière exemplaire dans le *De summo bono seu de
vita philosophica* de Boèce de Dacie ou dans diverses intro-
ductions à la philosophie (voir Imbach 2005). La réponse
de Thomas insiste sur l'incapacité de la raison naturelle à
atteindre la fin ultime de l'homme, qui réside dans la vision de
Dieu; de fait, cette fin même a dû être annoncée à l'homme par
une révélation (*per revelationem*). Une discipline spécifique,
désignée comme *sacra doctrina*, s'impose donc lorsqu'il
s'agit d'aborder les contenus de la révélation divine.

Théologie philosophique et sacra doctrina. Dans la grille
des disciplines scientifiques, la *sacra doctrina* occupe le
premier rang; elle « commande à toutes les autres sciences »
(*Sent.*, prol., a. 1; Oliva 2006, p. 313 : « imperat omnibus
tamquam principalis ») et s'en sert comme de servantes (*ST* I,
q. 1, a. 5 ad 2 : « utitur eis tanquam inferioribus et ancillis »).
Thomas insiste tout particulièrement sur le caractère de
science au sens propre possédé par la *sacra doctrina*. Plaidant
en faveur de la spécificité scientifique de cette discipline envisagée dans sa différence par rapport à la théologie qui fait
« partie de la philosophie » (*ST* I, q. 1, a. 1 ad 2) – la « théologie
philosophique » (*theologia philosophica* : *De trin.*, q. 5, a. 4) –,
Thomas s'appuie sur le modèle de la subalternation des
sciences élaboré par Aristote (*Analytiques postérieurs* I, 2,
72a14-20; I, 13, 78b35-39; voir Chenu 1957, p. 71-80). À côté
des sciences reposant sur des principes évidents à la raison
naturelle (« principia per se nota ») – comme la géométrie –,
d'autres sciences tirent leurs principes d'une science plus
haute; l'optique emprunte par exemple ses principes à la

géométrie, la musique les reçoit de l'arithmétique (*Sent.* I, prol., a. 3, Oliva 2006, p. 323-324; *ST* I, q. 1, a. 2). La science théologique présuppose ainsi les articles de foi (*articuli fidei*), dont le contenu est évident pour Dieu, mais non pour l'homme, et dont le statut en théologie équivaut à celui de principes empruntés à une science supérieure, dans le modèle de la subalternation (*De trin.*, q. 2, a. 2 ad 5). Le procédé de la théologie, c'est-à-dire l'argumentation reposant sur ces principes, obéit donc aux stricts critères de la scientificité, tels qu'Aristote les a décrits et établis dans ses écrits épistémologiques.

La double connaissance de Dieu. Ainsi conçue, la théologie est une science spéculative (*ST* I, q. 1, a. 4). En raison de la certitude (*certitudo*) que lui confère la lumière divine, en vertu de la dignité de son objet – elle considère toutes choses par rapport à Dieu (« omnia pertractantur… sub ratione Dei »; *ST* I. q. 1, a. 7) –, la théologie surpasse toute autre science en dignité (*ST* I, q. 1, a. 5) et réalise l'idéal de la sagesse (*sapientia*), pour autant que ce terme soit pris dans son acception aristotélicienne de science des causes les plus hautes (*ST* I, q. 1, a. 6). Bien que les autres sciences soient désignées comme ses servantes (*ancillae*; *ST* I, q. 1, a. 5 s.c.), Thomas n'interprète pas comme une subordination la sentence de Paul mettant la raison en captivité, dans l'obéissance de Christ (*Corinthiens* II, 10, 5); il y voit plutôt un ordonnancement conforme au rapport de la nature à la grâce : celle-ci ne détruit pas la nature, mais la parfait (« gratia non tollit, sed perficit naturam », *ST* I, q. 1, a. 8).

Cette relation harmonieuse de la raison et de la foi tient aussi à la concordance, à l'absence de contradiction entre contenu de la foi chrétienne et connaissances atteintes par la raison humaine. Il faut en fait distinguer, dans la théologie, deux espèces de connaissances de Dieu (« duplex veritatis modus » : *ScG* I, c. 3, n. 14) : la vérité relative à Dieu qui dépasse le pouvoir de la raison humaine et la vérité à laquelle la raison naturelle peut accéder par ses propres moyens. Aux vérités du premier type appartiennent en première ligne la Trinité et l'incarnation, alors que la connaissance de l'existence de Dieu, que les philosophes peuvent aussi établir, compte parmi les vérités de la seconde classe.

Nécessité de la révélation. Plusieurs raisons plaident en faveur de la révélation des connaissances qui peuvent être obtenues aussi par la raison naturelle. Si ces vérités n'avaient pas été transmises par une révélation, la connaissance de Dieu serait demeurée le privilège d'un petit nombre. Elle est, en effet, d'une difficulté tout à fait extraordinaire et présuppose un don particulier. De plus, l'homme y accède après un long et pénible effort ; il est par ailleurs continûment exposé au danger de se tromper. L'humanité serait donc demeurée dans « les ténèbres de l'ignorance », si « seule la voie de la raison s'était ouverte à la connaissance du divin » (*ScG* I, c. 4, n. 24). Les arguments avancés par Thomas dans ce contexte viennent du *Guide des égarés* de Moïse Maïmonide, comme il le signale lui-même (*De veritate*, q. 14, a. 10) ; le philosophe juif y montre que les secrets de la métaphysique sont réservés à quelques rares élus. Le dominicain fait toutefois appel à ces arguments pour signifier que les contenus de la foi chrétienne sont destinés à *tous* les hommes ; il se sert des arguments de Maïmonide pour plaider en faveur de l'universalité de destination de la foi chrétienne.

La foi. Thomas adopte la description augustinienne de l'acte de foi ; selon cette définition, le croire (*credere*) est un acte de pensée accompagné d'une adhésion (« cum assensione cogitare » ; voir *ST* II-II, q. 2 a. 1 ; *De veritate*, q. 14, a. 1). L'insistance est mise sur la coopération de l'intellect et de la volonté. Alors que l'intellect appréhende ce qui doit être cru, la volonté accomplit l'acte d'adhésion (*ST* II-II, q. 4, a. 2). En tant qu'acte cognitif, le croire se distingue du doute et de l'opinion, tout comme de la science et de l'intellection – selon la distinction aristotélicienne des vertus intellectuelles exposée en *Éthique à Nicomaque* V, c. 6. Dans le cas du doute, l'homme qui réfléchit, confronté à une pluralité de possibilités, ne parvient pas à se décider, alors que la présomption (*suspicere*) et l'opinion (*opinari*) désignent une préférence pour l'affirmation d'une thèse plutôt que pour son rejet, accompagnée de plus ou moins de conviction. Lorsque le sujet acquiesce à une thèse en vertu d'une saisie immédiate et évidente de l'objet, ou alors par le moyen d'une argumentation le concernant, on parle d'intellection (*intellectus*) ou de science (*scientia*). C'est pourquoi la croyance doit être située entre la science et l'opinion : elle est inférieure à la science (*infra scientiam*), car le vrai n'y est pas vu ; elle est supérieure à l'opinion « en raison de la fermeté de l'adhésion » qui la caractérise (« propter firmitatem assensionis » : *De veritate*, q. 14, a. 2). Il convient encore de préciser deux aspects : la cause propre et intrinsèque de la foi est Dieu (*causa fidei*; *ST* II-II, q. 6, a. 1) et « celui qui croit adhère à la parole d'un autre » (*ST* II-II, q. 11, a. 1). Finalement, celui « qui possède la juste foi chrétienne, adhère au Christ par sa volonté » (*ST* II-II, q. 11, a. 1).

Foi explicite/implicite. Thomas en est convaincu, le salut de l'homme dépend d'une croyance explicite (*explicite*) en certains contenus de foi, qui sont nécessairement articulés en propositions; selon la *Somme de théologie* II-II (q. 1, a. 2), l'objet du croire, tel qu'il est perçu par le croyant, est un complexe propositionnel (« aliquid complexum per modum enuntiabilis »). Selon le *De veritate*, il faut en tous temps croire explicitement à l'existence de Dieu et à la providence divine (q. 14, a. 11). La *Somme de théologie*, plus tardive, insiste sur la croyance en le mystère de l'incarnation et de la passion du Christ (*ST* II-II, q. 2, a. 7), ainsi qu'en la Trinité (a. 8), autant d'actes de foi qui se révèlent nécessaires au salut.

À de nombreuses reprises, Thomas prend position relativement à la question du salut des païens nés avant l'incarnation. Une croyance implicite dans le Christ suffit à leur salut (*De veritate*, q. 14, a. 11 ad 5) : « quant aux païens qui furent sauvés, il leur suffisait de croire en un Dieu qui récompense et punit » (« sed gentiles, qui fuerunt salvati, sufficiebat eis, quod crederent Deum esse remuneratorem », *In Hebr.*, c. 11, lectio 2). Dans le *De veritate*, Thomas répond à l'objection de l'homme sauvage : comment un homme qui a grandi en forêt, parmi les loups (« in silvis… inter lupos »), peut-il croire explicitement en quelque chose dont il n'a aucune idée ? La réponse de Thomas précise que la providence divine se soucie du sort de chacun, qu'elle lui procure ce qui est nécessaire à son salut soit en lui révélant (*revelaret*) des contenus de croyance, soit en lui envoyant un prédicateur de la vraie foi (*De veritate*, q. 14, a. 11, ad 1).

Les infidèles. Thomas ne s'est pas seulement confronté à la question des contacts et des discussions que doit avoir le chrétien avec les incroyants, il a également traité du problème du comportement que devait adopter la société chrétienne à leur égard. Pour décrire les non-chrétiens, il utilise trois désignations. Le terme *infidelis* (incroyant) englobe deux catégories distinctes de non-chrétiens. Lorsque la notion est utilisée dans le sens d'une « pure négation », elle signifie une personne qui ne possède pas la foi, parce qu'elle n'en a jamais entendu parler (*ST* II-II, q. 10 a. 1 et a. 5). Cette forme d'incroyance ne constitue pas un péché au sens propre ; il faut plutôt y voir une peine (*poena*) qui résulte du péché originel (*ST* II-II, q. 10, a. 1) : « et telle est l'incroyance des païens » (*ST* II-II, q. 10, a. 5).

Comme en témoigne ce même article, Thomas dispose de deux mots pour désigner les païens comme des hommes ne possédant pas la foi, car elle ne leur a pas été révélée : *paganus* et *gentilis*. Le second mot est cependant beaucoup plus fréquent : le terme « *paganus* » se rencontre 51 fois dans l'œuvre de Thomas (dont 14 fois dans la *Catena aurea*), alors que *gentilis* connaît 691 occurrences (dont 181 dans la *Catena*). En comparaison, il peut être intéressant de signaler que le terme *mahumetistae* n'apparaît qu'une unique fois dans toute l'œuvre (*ScG* I, c. 2, n. 11), et le nom du prophète Mohammed quatre fois.

La discussion publique avec les incroyants se révèle utile lorsqu'elle vise le rejet des erreurs ou, lorsqu'en guise d'exercice (*ad exercitium*), elle permet d'affermir les auditeurs dans leur foi (*ST* II-II, q. 10, a. 7). À la différence du comportement à adopter avec les hérétiques, qui peuvent subir une contrainte physique et méritent « d'être exclus du monde par la mort » (*ST* II-II, q. 1, a. 3), il est indu de forcer les païens (et les juifs) à croire, car la foi est un acte de libre volonté (*ST* II-II, q. 10, a. 8). La fréquentation des païens (*communio infidelium*) est autorisée pour les chrétiens bien affermis dans leur foi (*ST* II-II, q. 10, a. 9). Puisque l'ordre politique est subordonné au droit humain, la domination de princes incroyants sur des chrétiens n'est pas abolie par le droit divin (a. 10). Les rites religieux des incroyants peuvent parfaitement être tolérés, lorsqu'il s'agit d'éviter la discorde (a. 11). Il ne convient pas non plus de baptiser des enfants d'incroyants contre la volonté de leurs parents (a. 12).

Les limites de la connaissance. Thomas n'a cessé de mettre en exergue les limites du discours théologique, par exemple lorsqu'il insiste sur le fait que Dieu doit être vénéré en silence, car « nous concevons que tout ce que nous disons de lui et

cherchons à savoir sur lui demeure en deçà de sa compré-
hension » (*De trin.*, q. 2, a. 1 ad 6). Il n'hésite pas non plus à
mobiliser le topos de la *vetula* pour signifier les limites du
savoir humain (*In Symbolum Apostolorum*, prol.) : par la grâce
de Dieu, une petite vieille en sait plus sur l'incarnation que les
plus grands philosophes de l'Antiquité : « Notre connaissance
est si débile qu'aucun philosophe n'a jamais pu découvrir la
nature d'une seule mouche. Aussi lisons-nous qu'un philosophe a passé 30 années de sa vie dans la solitude pour étudier
le nature de l'abeille » (*In Symbolum Apostolorum*, prol., n. 7 ;
voir aussi *ScG* I, c. 5).

LES ŒUVRES MAJEURES

DE ENTE ET ESSENTIA
L'ÉTANT ET L'ESSENCE

Cet écrit de jeunesse composé entre 1252 et 1256 prend en considération la signification des notions d'essence (*essentia*) et d'étant (*ens*), ainsi que leur relation aux prédicables (le genre, l'espèce, la différence, le propre et l'accident), selon ce que Thomas lui-même annonce au début de l'ouvrage. Il figure au nombre de ses œuvres les plus célèbres. Le fait que le lecteur y rencontre une série de thèses proprement thomistes, développées dans les œuvres plus tardives, n'est sans doute pas étranger à ce succès (voir Michon 1996, p. 37-69). Conformément au programme annoncé, l'écrit entreprend en six chapitres d'élucider la question du rapport entre l'être (*esse*) et l'essence (*essentia*) dans les substances composées de matière et de forme d'abord (chap. 2-3), puis dans les substances simples – c'est-à-dire les intelligences séparées, Dieu et l'âme humaine (chap. 4-5) – et, enfin dans les accidents (chap. 6).

Dans le premier chapitre, il se livre à une définition des concepts (*De ente*, 396a-370a). La notion d'étant (*ens*) renvoie soit aux dix catégories, soit à la vérité d'un énoncé. Selon cette seconde signification qui coïncide avec l'usage du terme "est" dans sa fonction de copule, peut être dit "étant" tout sujet d'une proposition affirmative («tout ce à propos de quoi on peut former une proposition affirmative, même si cela ne pose rien dans la réalité»). Le terme "essence" (*essentia*), qui se rapporte à la première signification, désigne quelque chose de commun à plusieurs réalités; les notions de quidité (*quiditas*), de forme et de nature en sont des synonymes, avec des accentuations différentes. Un étant possède l'être par son essence (*per eam*) et en elle (*in ea*, c. 2, 370a).

En lien avec l'élucidation de l'essence des substances composées (c. 2, 370a-373b), Thomas développe la thèse de la matière comme principe d'individuation et précise que seule la matière quantitativement déterminée (*materia signata*) peut remplir cette fonction. Le troisième chapitre (374a-375b) explique comment l'essence revient au genre, à l'espèce et à la différence, et débouche sur le problème des universaux. Thomas y pose une stricte différence entre l'essence qui revient à cet individu-ci ou à cet individu-là, et l'essence telle qu'elle est appréhendée par l'âme. Lorsque lui reviennent l'universalité et la possibilité d'être prédiquée de plusieurs, la nature de l'homme n'existe que comme objet connu, dans l'intellect humain. Thomas adopte expressément la thèse attribuée à Averroès (375a) voulant que l'universalité soit produite par l'intellect, bien que cette essence abstraite prédiquée d'un individu possède un *fundamentum in re*. Dans l'important quatrième chapitre (375b-378a), qui porte sur les substances séparées de la matière, le lecteur rencontre les thèses 81 et 96 censurées en 1277 par l'évêque de Paris Étienne Tempier: dans le cas des formes pures de cette sorte, prétend Thomas, il ne peut exister plusieurs individus d'une même espèce (376b).

La présentation du célèbre argument de la distinction entre l'être et l'essence articule trois moments solidaires (voir Porro 2002, p. 57-61, Owens 1981, Wippel 1984, p. 107-132,

MacDonald 1984, Owens 1986, Michon 1996, p. 32-59).
Premièrement, il faut poser une différence conceptuelle entre
l'être et l'essence, car toute essence peut être conçue sans être
conçue comme existante et sans qu'elle n'existe nécessairement (376b). Deuxièmement, lorsque l'essence d'une chose
est identique à son être, cette chose est alors nécessairement
une; dans ce cas, on ne peut en effet concevoir aucune multi-
plication procédant de l'ajout d'une différence ou de la réception dans une matière. Par opposition, il s'ensuit que dans tous
les autres étants il y a une différence entre l'être et l'essence
(376b). La portée de ces deux premiers moments argumen-
tatifs – le premier de nature conceptuelle, le second revêtant
avant tout une fonction hypothétique – n'apparaît que dans
le plein achèvement du troisième moment, qui démontre
l'existence d'un étant dont l'être et l'essence sont identiques
(376b-377a).

Cette preuve de l'existence de Dieu repose sur l'idée qu'un
être distinct de son essence ne peut être causé par son essence,
car rien ne se cause soi-même. Ainsi, l'être lui est conféré de
l'extérieur (« habet esse ab alio »); de plus, puisque tout ce qui
n'existe pas par soi-même doit être reconduit à quelque être
existant par soi et puisqu'on doit en outre éviter tout *regressus
in infinitum*, il faut poser une première cause qui confère l'être
à tous les étants et qui est l'être purement et simplement (*esse
tantum*; *esse subsistens*), à savoir Dieu, dont l'essence coïncide avec l'être (« cuius essentia est ipsummet suum esse »,
378a). Cette argumentation plurielle, conduite en relation avec
la question du statut métaphysique des intelligences ou anges,
réfute l'hylémorphisme universel, que Thomas attribue à Ibn
Gabirol (Avicebron) mais qui était adopté par une série de
penseurs contemporains. Ce faisant, Thomas fonde la finitude
des substances immatérielles, conçues comme de pures formes,
sur une potentialité résultant de la composition d'être et

d'essence (c. 5). Il s'ensuit qu'en tous les étants l'*esse* et l'*essentia* sont distincts, sauf en l'acte pur qui réunit en lui toutes les perfections.

Au sommet de la hiérarchie métaphysique établie dans le cinquième chapitre (378a-379b) se tient donc l'acte pur, dont l'être coïncide avec l'essence. Les formes pures – c'est-à-dire les intelligences – reçoivent leur être; de la sorte, leur être (ou acte) diffère de leur essence (ou puissance). Dans les substances composées, l'essence composée de matière et de forme est distincte de l'être; il en résulte donc un double rapport d'acte et de puissance. Le sixième chapitre est consacré aux accidents (379b-382b) qui ne possèdent pas une définition à part entière, car entre en eux le sujet auquel ils appartiennent. Ils n'ont pas non plus l'être en eux-mêmes, car ils ne peuvent exister sans leur sujet. La forme accidentelle n'a donc pas d'essence complète.

QUAESTIONES DISPUTATAE DE VERITATE
QUESTIONS DISPUTÉES SUR LA VÉRITÉ

On peut à bon droit regarder ces questions disputées comme l'un des chefs d'œuvre philosophiques de Thomas d'Aquin. Issus de disputes académiques qui eurent pour cadre l'Université de Paris, les 253 articles formant 29 questions ne suivent pas un plan systématique, précisément en raison de leurs conditions concrètes d'émergence. Il est cependant possible de diviser cette matière abondante en trois parties. 1) Les 20 premières questions peuvent parfaitement être mises en relation avec le titre de l'ensemble, dans la mesure où Thomas y donne une définition précise de l'essence de la vérité comme telle (q. 1), avant d'enquêter sur les aspects de la connaissance qui permettent de fonder la vérité. La connaissance divine est traitée en premier (q. 2-4), puis certains aspects de la connaissance angélique sont analysés (q. 8-9). La série de questions consacrées à la connaissance humaine (q. 10-20) débouche sur une thématique christologique, celle de la science qui est dans l'âme du Christ (q. 20). 2) La seconde partie du recueil, moins importante par la taille, est dédiée au bien (q. 21-26). 3) Une troisième partie, plus courte encore et à teneur théologique, traite du bien surnaturel représenté par la grâce, de la justification des pécheurs et de la grâce du Christ (q. 27-29).

(1) La célèbre première question, composée de 12 articles, s'ouvre sur la discussion de la définition de la vérité attribuée à Isaac Israeli : la vérité est *adaequatio rei et intellectus* (voir Schulz 1993, Contat 1996, Mayer 2002). Cette description est introduite comme le résultat d'une vaste déduction des transcendantaux "chose" (*res*), "un" (*unum*), "quelque chose" (*aliquid*), "vrai" (*verum*) et "bon" (*bonum*), qui sont convertibles avec l'étant. Dans ce contexte, le vrai est conçu comme l'intelligibilité de l'étant, appropriée à l'intellect (voir Jordan 1980, Ventimiglia 1995, Aersten 1996, Bazán 2000). Au sens propre, il n'existe cependant de vérité que dans l'intellect (q. 1, a. 2), dans sa faculté de jugement plus précisément. Il faut cependant considérer que la vérité possède son lieu originel dans l'esprit divin (q. 1, a. 4). Toute vérité est dépendante de lui (q. 1, a. 5) et les choses naturelles ne peuvent être dites vraies qu'en relation à l'intellect divin (q. 1, a. 6), qui est leur cause et leur mesure ; pour cette raison tout étant imite Dieu (q. 1, a. 8). L'intelligibilité de la réalité est donc intrinsèquement liée au rapport actuel des étants à l'esprit divin qui les a créés. Ces étants sont virtuellement rapportés à l'esprit humain, qui possède de lui-même la capacité d'appréhender l'étant connaissable (q. 1, a. 2). L'intellect humain peut

néanmoins se tromper (q. 1, a. 12), lorsqu'il attribue à un sujet un prédicat qui ne lui revient pas.

Avant de discuter de la providence et de la prédestination en relation avec la connaissance divine (q. 5-7), Thomas consacre trois questions respectivement à la connaissance divine en général (q. 2, voir Bonino 1996), aux idées divines (q. 3) et au verbe divin (q. 4). Après avoir établi l'existence d'une science (*scientia*) en Dieu (q. 2, a. 1), Thomas traite de la connaissance de soi de Dieu (q. 2, a. 2) et engage une enquête détaillée sur la connaissance que Dieu a des étants différents de lui (*alia a se*) : en se connaissant soi-même, il connaît tout étant (q. 2, a. 3) et cette connaissance n'exclut pas le singulier en tant que tel (q. 2, a. 5). Dieu ne connaît pas seulement l'essence de chaque individu et tout ce qui peut être dit d'elle (q. 2, a. 7), mais il connaît également les futurs contingents (q. 2, a. 12), au contraire de l'intellect humain qui ne parvient à saisir le singulier que de manière indirecte (q. 2, a. 6). Il faut en outre remarquer que la science n'est pas prédiquée de Dieu et de l'être fini de manière univoque ou équivoque, mais selon l'analogie (*secundum analogiam*, q. 2, a. 11) ; cette prédication analogique de la science résulte du fait que la science divine cause l'existence même des choses (q. 2, a. 14 ; voir Bonino 1996). Pour l'intelligence de cette causation des choses par la connaissance divine, la notion d'idée, analysée dans la troisième question, est primordiale. L'idée y est définie comme une forme qui est imitée par quelque chose, en vertu de l'intention d'un agent et en regard d'une fin (q. 3, a. 1). Pour Thomas, il ne fait pas de doute que les idées de tous les étants singuliers sont présentes dans l'unité absolue de la sagesse divine (q. 3, a. 2 et 8). En relation avec le verbe divin, Thomas définit en outre les différentes fonctions du verbe humain, intérieur et extérieur (q. 4, a. 1).

La très abondante discussion portant sur la connaissance des anges s'intéresse d'abord à la connaissance angélique de Dieu (q. 8, a. 1-5), avant de thématiser divers aspects de l'auto-connaissance angélique et de la connaissance par l'ange des autres choses. Les questions relatives aux formes intelligibles innées (q. 8, a. 9), à la connaissance angélique des singuliers (q. 8, a. 11) et à l'immédiateté de ce connaître (q. 8, a. 15) sont particulièrement intéressantes, dans la mesure où Thomas y compare la connaissance humaine, qui procède de la connaissance sensible et se caractérise par sa discursivité, avec la connaissance des anges. De fait, ces enquêtes ont une pertinence anthropologique excédant le strict domaine de l'angélologie thomiste. Ce constat vaut aussi pour la neuvième question ; elle traite de la problématique du langage et de sa fonction en lien avec la question de la communication des anges : existe-t-il un langage des anges (q. 9, a. 4-7 ; voir Roling 2008) ? Dans ce contexte le parler (*locutio*) est envisagé comme une manifestation extérieure (*manifestatio*) du verbe intérieur (q. 9, a. 4), qui présuppose par ailleurs un acte de la volonté (q. 9, a. 7).

Tous les aspects de la théorie de l'intellect sont traités lorsque Thomas aborde la thématique de l'esprit (*de mente*), dans la dixième question. Identifié à l'intellect, l'esprit est en un premier moment interprété comme une puissance différente de l'essence de l'âme (q. 10, a. 1) et il est distingué de la mémoire (q. 10, a. 2-3). Thomas explique ensuite comment l'intellect connaît les choses matérielles par le biais de formes résultant d'un processus d'abstraction (q. 10, a. 4 et 6) et appréhende le singulier de manière indirecte (q. 10, a. 5). La connaissance de soi de l'âme est elle aussi indirecte, car l'âme ne se connaît que dans la mesure où elle connaît autre chose que soi (q. 10, a. 9 ; voir Putallaz 1991) ; à cet égard, Thomas différencie la perception de soi, dans laquelle l'âme saisit sa propre existence au moyen de ses actes, et la connaissance de sa nature. Il rejette la possibilité d'une connaissance de l'essence divine (q. 10, a. 11), tout comme la thèse selon laquelle l'existence de Dieu serait par soi connue de l'esprit humain, à l'instar des premiers principes (q. 10, a. 12). Dans la même ligne, il refuse à la raison naturelle la capacité de connaître la Trinité (q. 10, a. 13). A la question qui demande s'il est légitime de désigner un homme comme maître (*magister*, q. 11, a. 1), Thomas répond par un vaste détour et compare l'acquisition d'une vertu et l'appropriation d'un savoir avec le processus naturel du changement formel. Il rejette l'assimilation platonicienne de l'apprentissage à une remémoration, tout comme la théorie avicennienne de la donation de la connaissance à l'homme par un intellect supérieur, pour développer une théorie de l'enseignement et de l'apprentissage qui cherche une voie entre la pure passivité et une activité exclusivement située du côté de l'enseignant. Thomas légitime en même temps l'activité d'enseignement, qui relie la vie active à la vie contemplative, et justifie ainsi son propre métier (q. 11, a. 4).

Passant par les modes non naturels de connaître que sont la prophétie (q. 12) et le rapt (*raptus*, q. 13), le cheminement textuel conduit à la foi, qui se distingue du doute, de l'opinion et du savoir dans la mesure où elle comporte un acte de connaissance et un acte volontaire (*assensus*, q. 14, a. 1). Thomas consacre un traité entier à l'acte de foi, traité composé de 12 articles. Il y est notamment question de la nécessité de la foi pour le salut et de sa manière (q. 14, a. 10-11).

La question de la distinction entre raisons inférieure et supérieure (*ratio inferior/superior*, q. 15) permet de préciser les rapports de l'*intellectus* et de la *ratio*, à savoir ceux d'une intelligence intuitive et d'une faculté discursive qui atteint sa connaissance dans une sorte de mouvement (q. 15, a. 1). La question 16 élucide le concept de *synderesis*, envisagée comme l'habitus des premiers principes de la raison pratique, alors que les cinq articles de la question 17 parlent de la conscience (*conscientia*) et de la manière dont elle oblige le sujet. Les thèmes théologiques de la connaissance propre au premier homme (q. 18), à l'homme après la mort (q. 19), puis de la science du Christ (q. 20) bénéficient d'une approche philosophique, puisque le traitement de ces objets n'est possible que sur la base d'une analyse précise des diverses dimensions de la connaissance humaine, telles qu'elles se laissent observer dans l'expérience. Le lien naturel de l'intellect humain à l'expérience sensible et la nécessité d'un processus d'apprentissage apparaissent de la sorte dans une clarté remarquable, par opposition à une connaissance qui serait libérée de ces conditionnements.

(2) Le traité sur le bien est construit sur une analyse de la notion transcendantale de bien. En une seconde déduction des transcendantaux "un", "vrai" et "bien", Thomas montre que le bien ajoute certes à l'étant les dimensions de fin et de désirable (q. 21, a. 1), mais que l'étant et le bien sont convertibles (q. 21, a. 2). Puisque le connaître présuppose l'étant et l'unité, et le désir le connaître, l'étant et l'unité, l'un est antérieur au vrai et celui-ci au bon (q. 21, a. 3). Le désir universel du bien, la structure et la fonction du désir (*appetitus*) et de la volonté (q. 22, a. 1-3) et avant tout les différents aspects de la contrainte de la volonté (q. 22, a. 5-9, 15) font l'objet de la question 22, où le rapport entre intellect et volonté est également discuté dans le détail (q. 22, a. 10). Dans ce contexte, Thomas affirme expressément que l'intellect est certes supérieur à la volonté s'il est considéré absolument ou en relation aux objets mondains,

mais que la volonté est plus noble lorsqu'on considère la relation de l'homme à Dieu (q. 22, a. 11). La question 23 traite de la volonté divine. Thomas y enquête d'une part sur la liberté divine en relation à la nécessité et à la justice (q. 23, a. 1-6), d'autre part sur la relation de la volonté humaine à la volonté divine (q. 23, a. 7-8). Le problème du libre arbitre est abordé dans la question suivante, composée de 15 articles, qui demande si l'homme est libre (q. 24, a. 1), puis si le libre arbitre (*liberum arbitrium*) revient aux bêtes (q. 24, a. 2) et à Dieu. Que l'homme puisse délibérer avant d'agir et se décider librement pour une action n'est pas requis seulement par la foi chrétienne, mais aussi pour des motifs évidents d'ordre rationnel. Dans son jugement, l'homme est cause de soi (*causa sui*) et il dispose d'un libre jugement eu égard à son agir (« liberum iudicium de agendis », q. 24, a. 1). Par la "sensualité", traitée dans la question 25, Thomas entend la puissance appétitive sensible, au sujet de laquelle il adopte la distinction traditionnelle en puissance irascible (*irascibilis*) et puissance concupiscible (*concupiscibilis*). Celle-ci se rapporte aux objets désirables ou qui inspirent de la répulsion, celle-là à ceux qui sont difficiles à atteindre ou repousser (q. 25, a. 2). Le traitement des passions, qui prend place dans la question suivante, se situe dans la continuité directe de cette discussion, car les *passiones* proprement dites ont leur lieu dans la puissance appétitive sensible et sont classées selon la bipartition en "irascible" et "concupiscible" (q. 26, a. 4). Conformément à la tradition stoïcienne, Thomas considère l'espoir, la peur, la joie et la tristesse comme les passions principales (q. 26, a. 5, voir Brungs 2002, p. 84-115). Un point mérite toutefois une attention particulière : Thomas aborde la question qui demande si le Christ a éprouvé des passions et répond de manière affirmative (q. 26, a. 8-10).

SUPER BOETIUM DE TRINITATE
SUR LE DE TRINITATE DE BOÈCE

Les dénommés *Traités théologiques* de Boèce ont joué un rôle décisif pour la métaphysique et la théologie médiévales avant la vaste réception des œuvres d'Aristote. Dans le *De Trinitate*, le philosophe romain avait en particulier inauguré le délicat problème de l'application des catégories aristotéliciennes à Dieu; dans le *De hebdomadibus*, il avait soulevé une série de difficultés relatives à la participation de tout bien au bien absolu. Les commentaires du XIIe siècle, de Gilbert de Poitiers, Clarembaud d'Arras et Thierry de Chartres, témoignent de la puissante efficience de ces œuvres. Le commentaire de ces deux textes par Thomas d'Aquin revêt cependant une dimension singulière au XIIIe siècle, puisque les écrits de Boèce n'étaient pas officiellement au programme des enseignements en faculté de théologie. De fait, il n'est guère surprenant de rencontrer des divergences entre les motifs attribués par les commentateurs à cette entreprise thomasienne. En tout état de cause, une explication de l'intérêt de Thomas pour ces textes qui invoquerait leur contenu – ils renferment en effet un ensemble de thèmes centraux pour la philosophie et la théologie – suffirait à emporter la conviction (au sujet de cette œuvre en général, voir les commentaires Elders 1974, Hall 1992, Porro 2007). Le texte est demeuré inachevé – Thomas commente seulement le Prologue, le premier chapitre et le premier tiers du deuxième chapitre – et a probablement été rédigé à Paris dans les années 1256-1259, un peu avant l'accession à la maîtrise en théologie (au sujet des diverses hypothèses relatives à la datation: *De trin.*, 38-41). Pour une bonne part conservé à l'état d'autographe, l'écrit organise un commentaire sur deux niveaux: d'un côté, le texte de Boèce est commenté *ad litteram*; de l'autre côté, Thomas soulève deux questions au sujet de chacune des trois parties du texte commenté. Chacune d'elle comprend quatre articles. Il en résulte donc un ensemble de six questions et 24 articles.

Dans le prologue à son commentaire, Thomas pointe explicitement une opposition cruciale dans l'œuvre entière, entre procédés philosophique et théologique, affirmant expressément le choix boécien de la voie argumentative (*per rationes*) au détriment du recours à l'autorité, au sein même d'un traité théologique (voir Torrell 2008, p. 11-61). Dans les deux premières questions, il compose ensuite un traité qui compare précisément les options théologique et philosophique à l'œuvre dans une théorie du divin. Il se demande d'abord (q. 1, a. 1) si la lumière naturelle (*lumen naturale*) suffit à la connaissance de la vérité ou s'il est nécessaire de postuler une illumination de l'homme par l'intellect agent, comme le faisait Avicenne. Thomas insiste sur le fait que l'homme dispose d'une puissance active et passive de connaître, qui suffit à la connaissance de la vérité, bien que certains objets, à l'instar de certains contenus de foi, se dérobent à la connaissance naturelle humaine. Cela vaut en particulier pour la Trinité divine : comme objet de foi elle ne peut faire l'objet d'une stricte démonstration (*demonstratiue*, q. 1, a. 4). Au sujet de la connaissance divine (q. 1, a. 2), Thomas insiste sur la possibilité d'une connaissance indirecte moyennant un processus d'inférence, des effets aux causes. Dans tous les cas, cette procédure ne permet qu'une connaissance de l'existence de la cause première (*quia est*), non pas de son essence (*quid est*). Le troisième article rejette la thèse, attribuée entre autres à Anselme de Cantorbéry mais assurément défendue par Bonaventure, selon laquelle Dieu serait le premier objet connu (« primum quod a mente cognoscitur »). La réfutation passe par une claire distinction entre deux sens de l'expression "premier connu" : elle peut en effet se référer à la genèse de la connaissance ou à son objet. Puisque la connaissance humaine dépend de la connaissance sensible, les objets sensibles singuliers sont les premiers connus du point de vue génétique, alors que les formes abstraites des représentations sensibles (*phantasmata*) peuvent être regardées comme les objets spécifiques de la connaissance humaine.

La scientificité de la théologie est au cœur de la deuxième question. Dans ce contexte, Thomas élucide de nombreuses thèses centrales pour sa théologie, qui seront reprises et approfondies dans les œuvres plus tardives. Il convient notamment de distinguer deux sciences de Dieu, une science philosophique et une science théologique (q. 2, a. 2). Puisque la grâce ne détruit pas la nature mais la parfait, un usage précisément limité de la philosophie s'avère légitime en théologie (q. 2, a. 3); la prééminence de la théologie y demeure cependant incontestée (q. 2, a. 3 ad 7). Les thèses philosophiques vraies ne peuvent toutefois se révéler contraires aux enseignements de la foi (*esse contraria*, q. 2, a. 3).

La nécessité de la foi (q. 3, a. 1), la distinction entre foi et religion (q. 3, a. 2) et l'universalité de la foi catholique constituent le centre de la troisième question, qui s'achève sur une réfutation de l'hérésie arienne (a. 4). Dans la réponse à la première question, relative à la nécessité de la foi, Thomas voit en la foi un milieu entre la science et l'opinion, comme dans d'autres textes d'ailleurs (par exemple : *De ver.*, q. 14, a. 10; *ScG* I, c. 4; voir Synave 1930). Il est frappant de constater qu'il tente de rendre compte de la nécessité de la foi à l'aide de cinq arguments tirés du *Dux neutrorum* (I, c. 33) de Moïse Maïmonide.

La quatrième question porte sur la cause de la pluralité (*pluralitas*). Dans ce contexte, il ne suffit pas d'enquêter sur la possibilité de la situation de deux corps en un même lieu (q. 4, a. 3) et sur le rapport réciproque entre différence locale et distinction numérique (q. 4, a. 4), mais la question porte avant tout sur une éventuelle individuation par les accidents (q. 4, a. 2) et sur la possibilité que l'altérité soit cause de la pluralité (q. 4, a. 2). Thomas reconduit la définition de la pluralité et de la division à l'affirmation et à la négation. Ainsi, dans l'ordre de la connaissance ontologique et logique des transcendantaux, la pluralité s'ensuit de la contrariété de l'étant et du non-étant et produit la diversité (*diuersitas*). Thomas décrit l'un et le multiple, le même et l'autre quasiment comme des déterminations transcendantales (« quasi passiones entis in quantum est ens », q. 4, a. 1 ad 3); il prétend que tout étant déterminé renferme en soi la négation d'un autre (« in hoc ente includitur negatio illius entis »). La signification métaphysique de la fonction attribuée à l'affirmation et la négation comme acte de l'intellect est évidente et ne saurait être surestimée (Weidemann 1975, p. 47-71).

Dans la cinquième question, Thomas précise sa conception de la science théorétique. Le premier article reprend la tripartition aristotélicienne de la science spéculative. D'une part, en accord avec Avicenne, Thomas définit l'objet de la science spéculative comme ce qui est donné à l'intellect et non pas produit par lui; d'autre part, il distingue trois disciplines scientifiques spéculatives en fonction du rapport de leur objet au mouvement et à la matière. Considérés dans le sujet connaissant et en eux-mêmes, les objets scientifiques sont certes nécessaires, immatériels et immobiles; la science peut cependant se rapporter à divers types d'objets constitués : 1) à des objets qui n'existent pas sans matière et ne peuvent être pensés indépendamment d'elle, 2) à des objets qui n'existent pas sans matière, mais qui peuvent être pensés indépendamment d'elle, et enfin 3) à des objets qui ne dépendent de la matière ni dans leur être, ni dans leur être connu. La philosophie de la nature s'occupe du premier type d'objets (q. 5, a. 2); les mathématiques du second (q. 5, a. 3); alors que la philosophie première, la métaphysique ou la théologie (philosophique), considère ce qui est immobile et immatériel (q. 5, a. 4). En analysant les manières de procéder des mathématiques et de la métaphysique, Thomas précise qu'il faut distinguer la *separatio*, qui inclut un jugement et revient en propre à la métaphysique, des deux autres formes de séparation, lorsque la forme est *abstraite* de la matière et l'universel du particulier (q. 5, a. 3; Oeing-Hanhoff 1963, Geiger 2000, Porro 2007).

Puisque le texte de Boèce décrit les procédés des trois disciplines au moyen des adverbes *rationabiliter, disciplinariter* et *intelligibiliter*, Thomas approfondit, dans la dernière question, sa recherche sur les méthodes des trois parties de la science spéculative. En expliquant la signification des trois expressions boéciennes (q. 6, a. 1), il précise ce qu'il faut entendre par "processus rationnel" (*processus rationalis*). Ce syntagme peut signifier 1) l'utilisation de la logique dans toutes sciences, 2) la démarcation entre démonstrations probable et stricte sur la base de principes spécifiquement distincts, et 3) le procédé de la physique, qui est bien proportionné à l'âme humaine dans la mesure où il est discursif et dépendant de l'expérience empirique. Au même endroit, Thomas démarque la *ratio* – puissance de connaître discursive – de l'*intellectus* – intelligence intuitive et immédiate. Il clarifie également la différence entre la voie allant des principes aux principiés (*via compositionis*) et celle qui va des principiés aux principes (*via resolutionis*). La question du rôle de l'imagination en métaphysique (q. 6, a. 2) lui donne l'occasion de rappeler le parallélisme entre la fonction jouée par la connaissance empirique en physique et celle de l'imagination (*ymaginatio*) en mathématiques. Quant à la métaphysique, elle a certes son point de départ dans la sensation, car toute connaissance humaine commence avec la connaissance sensible, mais elle doit transcender l'objet perçu et représenté en s'engageant dans la triple voie de la causalité, de l'éminence et de la négation (voir q. 1, a. 2).

Dans l'*Incipit* du plus ancien manuscrit de cet écrit auquel Thomas a travaillé de 1257 à 1265, à Paris d'abord puis en Italie, on lit l'intitulé suivant : *Liber de veritate catholicae fidei contra errores infidelium* («Livre de la vérité de la foi catholique contre les erreurs des infidèles»). Dans l'*explicit* du même manuscrit, l'écrit est par contre désigné comme *Tractatus de fide catholica contra gentiles* («Traité de la foi catholique contre les Gentils»). Il figure également sous ce second titre (*Contra gentiles*) dans l'inventaire parisien de 1275. La désignation courant de l'œuvre comme *Summa* est cependant plus tardive et n'est pas pertinente sous tous rapports. Thomas explique très exactement l'intention qui motive cette œuvre lorsqu'il décrit la fonction du sage (*officium sapientis*), dans le premier chapitre de ce texte à juste titre très célèbre. Selon Aristote, la considération des causes les plus hautes revient au sage, mais elle se réalise de deux manières : comme communication de la vérité («veritatem divinam meditatam eloqui») et comme réfutation de l'erreur («errorem contra veritatem impugnare»; *ScG* I, c. 1, n. 7). Fidèle à un programme aristotélicien d'une part (*Réfutations sophistiques* 165a24-27) et sous l'incitation paulinienne d'autre part (*Titus* 1, 9; voir Gauthier 1993, p. 147-150), Thomas veut en effet manifester (*manifestare*) la vérité de la foi chrétienne et rejeter les erreurs qui la concernent. Les dénommés *gentiles* ou *infideles* – selon les deux versions connues du titre – désignent en première ligne les philosophes antiques juifs et arabes d'une part, les hérétiques d'autre part, comme le confirme un examen détaillé du programme annoncé (voir Michon 1999, p. 49-52). En réalité l'œuvre n'a pas été conçue comme un manuel pour missionnaires chrétiens, à l'instar de ce que croyaient des interprètes plus anciens, mais comme une stricte confrontation théorique avec plusieurs erreurs possibles, telles qu'elles ont pu prendre forme dans le cours de l'histoire (au sujet des diverses interprétations, voir Hoping 1997, p. 33-62). Le projet peut donc être décrit comme une « exposition de la sagesse chrétienne dans sa confrontation avec les gentils » (*ibid.*, p. 69). Thomas insiste expressément sur le fait que, dans sa discussion avec ses adversaires, il veut argumenter de manière rationnelle aussi loin qu'il est possible, car la raison (*ratio*) constitue l'unique base qui soit reconnue par tous les partenaires de discussion.

Ce procédé se fonde sur deux présupposés théoriques fondamentaux, qui portent l'œuvre entière. 1) Il existe une double modalité de la vérité relativement à Dieu. Il y a d'abord le vrai divin que la raison naturelle (*naturalis ratio*) est capable de connaître. En outre, un second ordre de vérité dépasse la capacité de l'intellect humain (I, c. 3) et se présente comme un objet de croyance pour l'homme (I, c. 4-5). 2) Deuxièmement, la vérité de la raison ne peut être opposée à la vérité de foi. Il s'ensuit que la fausseté méthodologique des thèses qui contredisent la foi peut être mise à jour (*ScG*, n. 47, n. 52).

Dans une première partie qui comprend les trois premiers livres, Thomas prétend expliquer « ce que la raison humaine peut connaître de Dieu », « en suivant la voie de la raison » (*ScG*, n. 57). Le procédé comporte trois étapes. D'abord il faut parler de Dieu en lui-même (Livre I ; voir Schönberger 2001, p. 17-75), ensuite de la procession des choses hors de Dieu (Livre II ; voir *ibid.*, p. 76-115), enfin de l'ordonnancement

des choses à leur fin, c'est-à-dire à Dieu (Livre III; voir
Schönberger 2001, p. 116-173). Dans le quatrième livre, cette
enquête est complétée par une présentation des enseignements relatifs à Dieu et à son rapport aux hommes, tels qu'ils
ont été révélés par Dieu lui-même. Ces doctrines constituent
le contenu de la foi (*ScG*, n. 3347; voir Schönberger 2001,
p. 174-208).

Si l'on envisage l'œuvre dans son unité, il est clair que sa
désignation comme «Somme philosophique», sans cesse
réitérée au cours de l'histoire de l'interprétation du texte, n'est
ni suffisante ni adéquate. Il est néanmoins incontestable que
l'écrit consiste pour une bonne part en une discussion philosophique des doctrines chrétiennes fondamentales. Dans la
mesure où Thomas lui-même a clairement précisé la portée de
la théologie philosophique par opposition à celle de la théologie chrétienne, il paraît impossible d'identifier purement et
simplement l'entreprise des trois premiers livres avec une
théologie philosophique. Cette dernière procède en effet de
l'étude des choses finies, qu'elle examine pour elles-mêmes,
vers la connaissance de Dieu, alors que la théologie chrétienne
ne parle des créatures que relativement à Dieu (*ScG*, n. 876).
Cette théologie «d'en haut» prend le contrepied d'une théologie «de bas en haut» (Kretzmann 1997, chap. 1). Dans la
mesure où, dans cette œuvre, Thomas commence par la considération de Dieu et traite en outre les questions philosophiques
selon un ordre prescrit par la théologie, l'entreprise des trois
premiers livres peut être décrite de manière adéquate et
pertinente comme «philosophie d'en haut» (Michon 1999,
1, p. 33-45, après Kretzmann 1997). Envisagée dans son
ensemble, avec le quatrième livre, la *Summa contra Gentiles*
peut cependant être lue comme une tentative de présentation
de la sagesse (*sapientia*) en un sens englobant du terme

(Gauthier 1993; voir également Leonina, vol. 45/1, 293*) ou plus précisément de la sagesse chrétienne.

Livre I. À la suite des prolégomènes méthodologiques relatifs à l'intention, à la structure et à la fondation théorique de l'œuvre (c. 2-9), le premier livre traite d'abord de la question de l'existence de Dieu (c. 10-13). La recherche s'engage ensuite dans une étude de son essence (c. 14-27) et de sa perfection (c. 28-102). Une quintuple preuve de l'existence de Dieu sert à rejeter les conceptions selon lesquelles l'existence de Dieu ne pourrait être qu'objet de foi (c. 12) ou bien serait évidente (c. 10-11). Les deux démonstrations de l'existence d'un moteur immobile, à partir de la *Physique* d'Aristote, établissent la fondation des deux premières voies de la preuve, très détaillées.

Le traité relatif à l'essence de Dieu se fonde sur la thèse selon laquelle cette essence ne peut être appréhendée que par voie négative (*via remotionis*; c. 14). L'exclusion du mouvement, de la temporalité (c. 15), de la potentialité (c. 16-17) ainsi que de la composition (c. 18-27) permet de démontrer que Dieu est un acte pur dont l'être (*esse*) coïncide avec l'essence (*essentia*; c. 22). En relation avec la perfection absolue de Dieu, Thomas développe la question des noms de Dieu, qui sont prédiqués de Dieu de manière analogique (*analogica praedicatio*, n. 298). En ce sens il est possible d'affirmer que Dieu est bon (c. 37-41), un (c. 42) et infini (c. 43). Les opérations divines sont décrites au moyen de la triade néoplatonicienne de la vie, de la pensée et du vouloir (c. 44-102).

La très vaste partie relative à la connaissance divine (c. 44-71) ne démontre pas seulement l'identité du sujet, de l'objet et de l'acte de cette connaissance (c. 44-48), mais montre surtout que Dieu connaît parfaitement tous les autres étants, dans leur singularité et leur contingence, en se connaissant soi-même (c. 49-59, 63-71). Bien que le vouloir divin soit identique à l'essence divine (c. 72-74) et que Dieu tende vers autrui en se voulant soi-même (c. 75), il est libre (c. 83-88). Puisque le connaître et le vouloir présupposent la vie (n. 812), Thomas achève le premier livre en élucidant la signification de la notion de vie attribuée à Dieu (c. 97-98) et explique la manière dont il mérite d'être dit heureux (c. 99-102) : Dieu est heureux dans la mesure où il se réjouit de sa connaissance, en sa perfection absolue.

Livre II. Le deuxième livre traite du rapport de Dieu aux choses qui dépendent de lui; il se compose de trois parties : il est d'abord question de la création en général (c. 6-38), ensuite de la différence, de la multiplicité et de la distinction des étants créés (c. 39-45), enfin de l'essence de ces étants, avant tout des substances intellectuelles (c. 46-101). La création est un don de l'être (*dare esse*, ScG, n. 925) par lequel Dieu veut communiquer l'être aux étants, par mode de similitude (« communicare per modum similitudinis », n. 883). La perfection absolue du créateur tout-puissant (c. 32-35) et libre ne peut cependant être manifestée que par une multiplicité d'espèces différentes d'étants. La perfection de l'ensemble nécessite qu'on y trouve des étants doués de raison, qui n'imitent pas seulement Dieu par leur existence, mais aussi par leur activité, à savoir le connaître et le vouloir (c. 46-47). Ces étants sont certes immatériels (c. 51), mais ils sont composés d'être (*esse*) et d'essence (*essentia*), d'acte et de puissance, en raison de leur dépendance ontologique (c. 52-54).

À la suite de ce traité général sur les substances immatérielles, Thomas présente une synthèse anthropologique en 35 chapitres (c. 56-90), qui est introduite par la question suivante : pourquoi certaines substances intellectuelles sont-elles unies à un corps ? Deux thèses spécifiquement thomasiennes établissent la base de ce traité : 1) L'âme est la forme du corps (c. 68-70). Avec cette doctrine Thomas défend l'unité de l'homme envisagé comme substance composée d'une âme et d'un corps, sans nier l'immortalité de l'âme (c. 79-82). 2) L'intellect possible et l'intellect agent sont des parties de l'âme humaine (*aliquid animae*). Dans ce contexte, Thomas ne se contente pas de se positionner de manière critique vis-à-vis de la thèse avicennienne postulant un intellect agent séparé de l'âme, mais il s'oppose surtout à Averroès qui, selon la lecture qu'en fait Thomas, aurait enseigné l'unicité de l'intellect possible (c. 73-78). La thèse de l'unité du corps et de l'âme, centrale pour Thomas, confirme et atteste l'ordre admirable du cosmos (« mirabilis rerum connexio », n. 1453), puisque l'homme, envisagé comme horizon ou frontière (« horizon et confinium », n. 1453), représente à la fois l'essence corporelle la plus parfaite et le plus bas des genres supérieurs. Avant de discuter encore une fois de questions relatives aux substances immatérielles, à la fin de ce livre (c. 91-101), et d'introduire notamment la thèse condamnée en 1277 selon laquelle chaque substance immatérielle constitue une espèce propre (c. 94), Thomas explique que l'âme humaine est immédiatement créée par Dieu (c. 87-89).

Livre III. Le troisième livre traite de Dieu comme fin et ordonnateur des choses, en trois parties.

1) À partir du principe affirmant que tout agent agit en vue d'une fin (« omne agens agit propter finem »), Thomas démontre d'abord que Dieu est la fin de toutes choses (c. 1-63) et que toutes les créatures l'imitent dans la mesure de leur possibilité (c. 20). Les substances intellectuelles réalisent leur ordonnancement au premier principe par le moyen de leur connaissance de Dieu. Dans ce contexte, Thomas discute en détail la question du bonheur humain (*felicitas hominis*), pour conclure que le bonheur maximal de l'homme ne peut consister que dans une activité de l'intellect. Il ne se réalise pourtant pas dans la connaissance des substances immaté-

rielles, comme le pense Averroès (c. 41-45), mais seulement dans la contemplation de Dieu (c. 37). Toutefois, cette dernière ne peut être pleinement atteinte qu'après la mort (c. 48), lorsque l'essence de Dieu sera vue (c. 52-62) et tout désir humain apaisé (c. 63).

2) La providence divine, qui s'étend à la réalité contingente et aux singuliers (*singularia*) (c. 72, 75-76), est au cœur de la seconde partie (c. 64-110). Non seulement Thomas y réaffirme de manière emphatique l'ordre rationnel des choses et leur ordonnancement, au moyen d'une différencia-tion et d'une hiérarchisation des formes et des activités qui en procèdent (c. 97), mais il discute aussi de la possibilité pour Dieu de faire quelque chose en dehors de l'ordre qu'il a créé, par miracle (c. 98-110).

3) La troisième partie du deuxième livre (c. 111-163) enquête sur la manière dont la providence divine dirige les substances spirituelles, à savoir les substances qui sont égale-ment dotées d'une volonté libre. Dans ce contexte, les lois divines – le *Décalogue* (c. 114-129) mais aussi les « conseils évangéliques » (l'obéissance, la chasteté et la pauvreté) – jouent un rôle significatif (c. 130-139). Cependant, Thomas traite aussi de la peine et du mérite (c. 140-146) et conclut cette partie par une défense détaillée de la thèse affirmant la nécessité du secours divin, c'est-à-dire de la grâce, pour que l'homme puisse atteindre sa véritable fin (c. 147-163).

Livre IV. Le quatrième livre traite expressément des contenus de la foi chrétienne qui ne peuvent être connus par la raison naturelle et qui ont été révélés par Dieu (« quae nobis revelata sunt divinitus », n. 3347), qui ne sauraient cependant contredire la raison naturelle (n. 3348). Le premier développe-ment concerne la doctrine de la Trinité divine (c. 2-26); vient ensuite la question de l'incarnation (c. 27-78), dans le contexte de laquelle s'inscrit la doctrine des sacrements (c. 56-78). La

Summa contra Gentiles s'achève sur les traités consacrés à la résurrection (c. 79-97) et au jugement dernier, avec une référence à la « nouvelle terre » et au « nouveau ciel » postérieurs au jugement (c. 97).

EXPOSITIO SUPER IOB AD LITTERAM
COMMENTAIRE LITTÉRAL DE JOB

Parmi les commentaires scripturaires de Thomas, le commentaire de Job revêt une valeur particulière, pour plusieurs raisons (Stump 1996, Chardonnens 1997); à cet égard, il peut sans doute être comparé au commentaire de l'*Évangile* de Jean (voir Perillo 2003, Dauphinais, Levering 2005). Selon Ptolémée de Lucques, le commentaire est rédigé durant le pontificat d'Urbain IV (1261-1264), en un temps où Thomas séjourne en Italie et achève la *Somme contre les Gentils* mise en chantier à Paris. Il est en effet très probable que les chapitres de cet écrit systématique consacré à la providence divine (III, c. 64-113) entretiennent un lien étroit avec l'interprétation du livre de Job, où cette thématique occupe le premier rang. Jusqu'à Thomas, l'histoire des souffrances de Job était lue de manière morale et spirituelle, en accord avec le célèbre et bien diffusé commentaire de Grégoire le Grand. Dès le début de sa lecture, Thomas insiste par contre sur son intention d'interpréter le texte biblique de manière aussi littérale qu'il le pourra (« secundum litteralem sensum exponere », *Iob*, 4b). Cette innovation exégétique entre en résonnance avec une thèse formulée ailleurs (ST I, q. 1, a. 10), selon laquelle le sens littéral de l'écriture est fondamental et directeur pour toute autre interprétation. Qui veut comprendre ce livre de manière adéquate ne peut donc renoncer à la factualité historique de Job. « Toute l'intention » (*tota intentio*) du livre consiste en effet dans la preuve (*Iob*, 3b), « fondée sur des raisons probables » (*probabiles rationes*), de la direction des choses humaines par la divine providence.

Comme l'a souvent signalé la recherche récente, l'interprétation thomasienne de cette œuvre biblique donne lieu à une dispute sur la providence divine, qui fut influencée de manière décisive par le *Dux neutrorum* de Maïmonide (avant tout : III, 18 ; 23 ; 24 ; à ce sujet : *Iob*, 26*-28*, Hasselhoff 2004). Les conceptions thomasienne et maïmonidienne de la prédestination recèlent cependant des différences fondamentales. Contre le philosophe juif, Thomas défend une conception de Dieu se souciant de tous les singuliers (*singularia*), et non seulement des êtres dotés d'un esprit ; il rejette également l'opinion de Maïmonide selon laquelle Job aurait été puni de ses péchés (*Iob*, 11a). Son dessein est moins d'accentuer la distance entre le savoir humain et la transcendance divine que de défendre la doctrine de la direction des choses humaines par la providence divine (*Iob*, 3b). À cette fin, il distingue trois niveaux dans le discours de Job, l'expression de la sensibilité affective, les réflexions rationnelles qui entrent en jeu dans les discussions de Job avec ses amis et les énoncés émanant directement de Dieu (*Iob*, 212b). Ce travail d'interprétation portant sur les souffrances d'un juste innocent nourrit le doute sur la justice divine ; pour combattre ce doute, l'interprète est mis au défi d'élaborer une méditation sur la *conditio humana* (Chardonnens 1997).

En sus de la réflexion métaphysique sur la compatibilité de la liberté humaine et de la prédestination divine, sur la souffrance humaine, la perfection morale et la justice divine, le commentaire comporte des indications très instructives sur la théorie médiévale de la dispute. Thomas justifie la volonté de Job de « disputer avec Dieu » (Job 13, 3), prétention choquante de prime abord, en affirmant sans transiger qu'une dispute se fonde sur la vérité des énoncés et non sur l'autorité de l'intervenant : « Lorsque quelqu'un dit la vérité, il ne peut être vaincu, quel que soit son partenaire de discussion » (« cum aliquis veritatem loquitur vinci non potest cum quocumque disputet », *Iob*, 87b). Lorsque, dans ses discussions avec ses amis, Job réfute une opinion fausse puis entreprend d'exposer la vérité, il met en pratique la méthode de la dispute (« procedit more disputationis »; *Iob*, 52b et 73a). Dieu lui-même peut être désigné comme *disputator* efficace lorsqu'il conduit ses ennemis dans une impasse où ils ne peuvent plus rien répliquer (*Iob*, 82b). Dans une dispute, la recherche de la vérité peut cependant être entravée si l'un des protagonistes ne veut pas entendre (« audire non vult ») ce que dit son adversaire et répond aux objections de manière querelleuse et injurieuse (« clamose et contumeliose respondet »), et si les participants ne discutent pas de la vérité, mais recherchent la gloire et aspirent seulement à remporter une victoire au moyen de la discussion (*Iob*, 45a-b).

QUAESTIONES DISPUTATAE DE POTENTIA
QUESTIONS DISPUTÉES SUR LA PUISSANCE

Cet ensemble de dix questions et 83 articles peut être aisément divisé en deux blocs. Le premier (q. 1-6) doit être directement mis en relation avec la puissance (*potentia*) évoquée dans le titre, car plusieurs aspects de la puissance divine y sont traités, notamment la création en général (q. 3), la production de la matière (q. 4) et la conservation (*conservatio*) du créé (q. 5). Un rapport direct à la puissance de Dieu caractérise également le cas des miracles, objet de la sixième question. Les quatre dernières questions traitent par contre de problèmes relatifs à la Trinité (q. 9-10) et à Dieu, entre autres à l'unité de l'essence divine (q. 7) et aux relations en Dieu (q. 8).

Si l'on admet qu'en tant qu'acte pur Dieu possède au plus haut point la puissance, dans le sens de la puissance active, de la capacité à agir (q. 1, a. 1), et que sa puissance est infinie (q. 1, a. 2), se pose alors la question de l'étendue de cette puissance. Thomas y répond ainsi : Dieu peut tout ce qui est possible (*possibile*), c'est-à-dire tout ce qui tombe sous la *ratio entis*, tout ce qui n'est pas contradictoire (q. 1, a. 3-6). En effet, Dieu ne peut pas faire que deux contradictoires, à savoir l'affirmation et la négation de la même chose, soient vraies en même temps. La toute-puissance divine s'étend donc « à tout objet qui ne renferme pas de contradiction » (q. 1, a. 7).

La création est définie comme un don de l'être et une relation à Dieu (q. 3, a. 3) ; elle est une opération libre (q. 3, a. 15) qui ne revient qu'à Dieu, unique principe de création (q. 3, a. 4-5). Au sein de la création, l'âme rationnelle acquiert un statut particulier, car elle n'est pas engendrée par procréation, mais directement créée par Dieu (q. 3, a. 9-12). Lorsqu'il répond à la question de l'éternité du monde (q. 3, a. 17), Thomas se confronte à la tradition philosophique ; ici comme ailleurs, il défend la thèse selon laquelle le commencement temporel du monde ne peut ni être prouvé ni invalidé selon le mode philosophique. En lien avec la problématique de la conservation de la création, Thomas traite en détail de la thématique du mouvement du ciel et de son influence sur le monde sublunaire (q. 5, a. 5-10). La dépendance de tout existant vis-à-vis de Dieu, en son existence même, est cependant mise au cœur du discours : Dieu possède en effet le pouvoir de détruire l'étant (q. 5, a. 1-4), exactement comme il possède le pouvoir de faire des miracles, c'est-à-dire de suspendre le cours naturel des choses en intervenant sur les relations de cause à effet (q. 6, a. 1).

La discussion de la simplicité divine offre l'occasion de thématiser l'identité de l'être et de l'essence en Dieu (q. 7, a. 2) et d'expliquer que l'*esse* doit être interprété comme « actualité de tous les actes » (« actualitas omnium actuum ») et donc comme « perfection de toutes les perfections » (q. 7, a. 2 et 8). Ces spéculations métaphysiques sont complétées par un traité consacré en propre aux noms divins (q. 7, a. 4-7). Il y est d'abord montré que l'absence d'accident en Dieu implique que les noms "bon", "sage", "juste", etc. soient prédiqués de lui à la manière de désignations de la substance. En accord avec Denys l'Aréopagite et en opposition à Moïse Maïmonide, Thomas défend la possibilité de prédications essentielles au sujet de Dieu, sur la base de la similitude existant entre effets et causes : les perfections présentes dans les créatures et connaissables en elles existent dans la cause première sur un mode achevé et unifié (q. 7, a. 5). Bien que toutes les perfections soient réellement identiques en Dieu, leurs noms ne sont pas synonymes, dans la mesure où la diversité des points de vue de la connaissance humaine (« diversae rationes in intellectu nostro ») correspond à l'unité réelle en Dieu. La pluralité des noms de Dieu est en effet un signe à la fois de la finitude de la connaissance humaine et de la perfection divine qui ne peut pas être saisie par un esprit fini au moyen d'un unique nom (q. 7, a. 6). Il est par conséquent assuré que le mode de prédication de ces noms est analogique (q. 7, a. 7). Il existe cependant deux types de prédication analogique, qui se démarquent l'une et l'autre de la prédication univoque comme de la prédication équivoque. Dans le premier cas, un prédicat est dit de deux sujets en rapport à une troisième chose, par exemple lorsque l'étant est attribué à la qualité et à la quantité en relation à la substance (« de duobus per respectum ad aliquod tertium »). Dans le second cas, un prédicat est dit de deux sujets en raison d'un rapport de dépendance entre eux (« de duobus per respectum unius ad alterum »). Ce deuxième cas de figure intervient dans les prédications dont Dieu est le sujet, car il possède les perfections qui lui sont attribuées *per prius* – sur le mode originel et éminent (voir Montagnes 1963, Park 1999, p. 358-404, Lonfat 2004, Ashworth 2008).

Alors que la huitième question concerne les relations internes à la Trinité et expose la thèse, classique depuis Augustin, de l'identité de la substance et de la relation en Dieu (q. 8, a. 2), puis la conception de la personne qui en découle, constituée par les relations (q. 8, a. 3-4), les relations des créatures à Dieu occupent le devant de la scène (q. 7, a. 8-11 : Thomas affirme la réalité de ces relations, puisque les créatures sont ordonnées à Dieu comme à leur « principe et à leur fin » (q. 7, a. 9). Par contre les relations de Dieu aux créatures ne sont pas réelles (q. 7, a. 10), mais du type de la *relatio rationis*. Ce type de relation doit être appréhendé comme un rapport conçu ou découvert par l'intellect distinguant des points de vue (q. 7, a. 11).

Les discussions trinitaires des *Questions sur la puissance* ne méritent pas seulement une attention particulière parce qu'il y est largement question de la notion de personne dans le sens boécien de « substance individuelle de nature rationnelle » (q. 9, a. 2-4), mais aussi parce qu'elles traitent de la problématique philosophique de l'un et du multiple (q. 9, a. 7). Dans ce contexte, Thomas distingue l'un qui est mesure du nombre de l'un transcendantal, à savoir l'un qui est convertible avec l'étant (voir Oeing-Hanhoff 1953), puis il clarifie les concepts de l'un (transcendantal) et du multiple. Alors que l'un ajoute une négation à l'étant, en l'espèce de l'absence de division (*negatio divisionis*), le multiple renferme une négation supplémentaire, puisqu'on signifie par ces expressions – l'un et le multiple – que « quelque chose est en soi indivis et qu'il est divisé (*divisum*) des autres choses ». Le processus de connaissance des transcendantaux se laisse reconstruire de cette manière (q. 9, a. 7 ad 15) : l'étant est conçu en premier lieu; ensuite la négation de l'étant; en troisième lieu vient la connaissance de la division, lorsque cet étant est reconnu différent de tel autre; puis l'un est appréhendé, lorsqu'il apparaît clairement que l'étant est en soi indivis; enfin, on connaît la multiplicité (voir Ventimiglia 1997).

SUMMA THEOLOGIAE
SOMME DE THÉOLOGIE

Le chef d'œuvre systématique et inachevé de Thomas d'Aquin doit être appréhendé dans le contexte de la formation dispensée dans l'ordre dominicain (Boyle 1982, 2002, au sujet de l'œuvre en général, voir Davies 2005, Speer 2005). L'intention directrice en est exprimée en toutes lettres dans un prologue remarquable : il s'agit de rédiger un manuel pour débutants, qui explique de manière claire et concise les doctrines de la foi chrétienne, plus précisément de la théologie (*sacra doctrina*), et d'éviter ainsi les défauts propres à l'enseignement, à savoir l'abondance de détails superflus, la redondance et l'absence de systématique inhérente au commentaire textuel. En conséquence, la matière doit être présentée selon un strict *ordo disciplinae*. Pour réaliser ce programme, Thomas adopte la forme de la *quaestio*, qui est produit de l'exercice scolastique. La question égrène des articles, qui articulent chacun quatre parties : objections, contre-arguments au moyen d'une autorité, réponse à la question et prise de position par rapport aux objections. Cette structure produit sur le lecteur l'impression d'une discussion aussi vivante que concrète. Dans sa totalité, l'œuvre comporte 512 questions et 2669 articles.

Prima pars. À la suite d'une précision introductive relative au statut épistémologique de la théologie (q. 1), l'ordre de composition est présenté de manière parfaitement claire. Conformément au dessein de la théologie qui considère toute chose « sous la raison de Dieu » (*sub ratione Dei*, q. 1, a. 7), ce manuel de théologie traitera d'abord 1) de Dieu en soi (*in se*) et donc de Dieu comme principe et fin de toute réalité (*Prima pars*), ensuite 2) du mouvement de la créature rationnelle vers Dieu (*Secunda pars*), et enfin 3) du Christ comme voie vers Dieu (*Tertia pars*; voir le *Prologus*, q. 2).

En 1954 Marie-Dominique Chenu (Chenu 1954, p. 255-273) fut le premier à formuler la thèse qui fut ensuite souvent discutée (voir Torrell 2015, p. 199-202, Speer 2005, p. 11-21) mais qui demeure incontestable dans son fondement, selon laquelle ces trois étapes peuvent être mises en relation avec la saisie néoplatonicienne de la réalité; dans cette conception dynamique, toute chose procède du premier principe et y retourne (*exitus-reditus*). De fait, la première partie de la *Somme de théologie* traite de Dieu en soi (I, q. 2-43), mais elle considère ensuite Dieu comme la première cause et le premier principe de toute réalité; dans ce contexte, les expressions *processio* (q. 44, prol.) et *emanatio* (q. 45, a. 1) servent à décrire la procession de tout l'étant hors de la première cause. Conformément au principe néoplatonicien voulant que tout ce qui procède d'un principe y retourne, la deuxième partie de l'œuvre montre comment l'homme, envisagé comme image de Dieu, retourne à son origine par son action. La troisième partie considère le Christ comme la voie qui rend ce retour possible (« via est nobis tendendi in Deum », I, q. 2, prol.).

Après avoir établi que l'existence de Dieu était démontrable et l'avoir démontrée au moyen des cinq célèbres voies (q. 2), Thomas traite de Dieu en soi à partir de la dynamique intrinsèque à son essence. Le développement articule deux moments : il traite d'abord de l'unité de l'essence divine (q. 3-26), ensuite de la Trinité envisagée comme procession immanente à la divinité (q. 27-43). Dans une digression proprement épistémologique (q. 12), Thomas pointe l'incapacité de l'homme à saisir l'essence de Dieu, dans la mesure où il est un étant fini dont la connaissance est de surcroît liée aux sens. En empruntant la voie de la causalité, de l'éminence et de la négation (q. 12, a. 12), en reconduisant les effets à leurs causes, l'homme peut cependant approfondir sa connaissance de l'existence divine et la dénommer sur le mode analogique (q. 13). Dans le contexte d'un important traité sur le Dieu unique, l'approche décisive par les transcendantaux « bon » (q. 5-6), « un » (q. 11) et « vrai » (q. 16-17) est complétée par l'analyse des opérations divines que sont la vie (q. 18), la pensée (q. 14-15) et le vouloir (q. 19-20). En lien avec la question de la simplicité divine (q. 3), Thomas interprète la définition aristotélicienne de Dieu comme acte pur dans le sens de l'unité de son essence et de son être (q. 3, a. 4). Cette thèse conduit à l'affirmation que Dieu est *ipsum esse per se subsistens* (q. 4, a. 2), contenant toutes perfections de manière achevée. Parmi ces perfections, l'immutabilité (q. 9), l'éternité (q. 11), la félicité (q. 26), la justice (q. 21), la providence (q. 22) et la toute-puissance (q. 25) donnent lieu à des recherches particulièrement détaillées.

La section consacrée à la procession des étants hors de Dieu (I, q. 44-119) traite de la création (q. 44-46), de la distinction des créatures (q. 47-102), de leur conservation et de leur direction (q. 103-119). La création, dont le commencement temporel ne peut être prouvé sur le mode philosophique (q. 46), est un « écoulement des étants hors de Dieu » (q. 45, a. 1) ; en tant que cause exemplaire (q. 44, a. 3) et en son acte d'auto-connaissance (q. 47, a. 1), Dieu a créé la réalité existante pour communiquer sa perfection et sa bonté (q. 44, a. 4). Concernant la distinction des créatures, il convient de prendre en compte trois niveaux de réalité : les êtres purement spirituels (les substances immatérielles, à savoir les anges, q. 50-64), les choses matérielles (q. 65-74) et l'homme, qui figure comme horizon et « frontière » à la fois, entre « le monde matériel et le monde immatériel » (q. 77, a. 2). Dans le traité sur les anges, l'enquête met l'accent sur la connaissance (q. 54-58). Plusieurs questions méritent d'être retenues plus particulièrement : d'une part la non-identité de l'être et du connaître angéliques (q. 54, a. 2) ainsi que la thèse de l'innéité des formes intelligibles (q. 55, a. 2), d'autre part la comparaison entre discursivité humaine et mode intuitif de la connaissance angélique (q. 58). Les développements relatifs à la réalité matérielle (q. 65-74) la présentent dans l'ordre du mythe de la création exposé au début de la *Genèse* et forment ainsi un bref traité sur l'œuvre des six jours.

Les questions 75-102 forment quant à elles un traité à part sur la nature humaine comme substance composée d'un corps et d'une âme. La structure de cet ensemble obéit à la triade en essence, puissance et opération. Elle commence par une description de l'âme et de son union au corps. Contre une vision dualiste, Thomas y insiste sur le fait que l'homme est une substance déterminée par l'âme envisagée comme son principe intellectuel (q. 75). L'argumentation tente de dépasser simultanément la théorie platonicienne et la vision averroïste (q. 76, a. 2), qui postulent un intellect séparé du corps. En se référant à Aristote, Thomas y affirme que « cet homme-ci pense » (« hic homo intelligit »), c'est-à-dire que le même individu qui éprouve le monde par ses sens le pense par son intellect (q. 76, a. 1). Cette théorie permet donc de conclure que l'intellect est une partie de l'individu. En conformité avec la doctrine faisant des puissances de l'âme des accidents inhérents à l'âme (q. 77, a. 5-6), qui se distinguent en fonction de leur objet et de leur acte, Thomas distingue trois degrés de l'âme (végétative, sensitive et intellective) et cinq espèces de puissances de l'âme (q. 78), à savoir la puissance nutritive (q. 78, a. 2), la sensation (q. 78, a. 3-4), le désir (*appetitus*; q. 80-83), la connaissance intellectuelle (q. 79) et la capacité de se mouvoir selon le lieu. Dans le contexte de la connaissance humaine, Thomas élucide non seulement la différence entre intellect possible et intellect agent, insistant sur leur statut de puissance de l'âme et excluant donc la thèse de l'intellect agent séparé (q. 79, a. 5), mais il enquête également sur la manière dont l'intellect lié au corps peut 1) appréhender la réalité matérielle moyennant l'abstraction à partir des représentations sensibles (*phantasmata*) – et non pas par le moyen d'une illumination ou d'idées innées (q. 84-86) –, ainsi que 2) se connaître soi-même (q. 87) et 3) appréhender la réalité immatérielle supérieure à lui (q. 88). La section spécifiquement anthropologique de la première partie de la *Somme de théologie* se conclut sur l'élucidation de la création de l'homme (q. 90-92) et de son statut avant le péché originel (q. 94-102). Elle atteint cependant son point culminant avec la question de la création de l'homme à l'image de Dieu, qui est présentée comme la fin de la production de l'homme par Dieu (q. 93 ; voir Geiger 2000).

Secunda pars. La deuxième partie de la *Somme de théologie* peut être regardée comme une enquête qui prolonge les analyses de la première partie, en étudiant les opérations de la puissance appétitive. Il y est en effet question de l'homme en tant qu'être libre et maître de ses actes. Cette vaste partie comporte deux sous-parties, qui sont désignées comme « première partie de la seconde partie » – *prima* (*pars*) *secundae* (*partis*, I-II) –, et comme « deuxième partie de la seconde partie » – *secunda* (*pars*) *secundae* (*partis*, II-II). Thomas

lui-même en précise la division : la première partie doit traiter
de l'agir humain en général, la seconde de l'agir humain dans
certains de ses domaines particuliers. En ouverture de ces deux
parties, on rencontre cependant un traité sur la fin dernière de
l'homme (I-II, q. 1-5 ; voir Ramirez 1972, Imbach 2005), où
Thomas démontre qu'elle coïncide avec la béatitude (*beatitudo*) consistant en cet acte de l'intellect spéculatif (*intellectus
speculativus*) qu'est la vision de l'essence divine (q. 3, art 8).
La béatitude ne peut donc être atteinte qu'après la mort et
grâce au secours divin ; tout homme y aspire cependant (à ce
sujet, Speer 2005, p. 140-167). Pour appréhender les actions
spécifiquement humaines, envisagées comme actes de la
volonté (I-II, q. 6, prol.), il convient d'abord d'analyser les
actes volontaires et leur qualité morale (q. 6-21), qui est fondée
sur leur rapport à l'intellect et à leur fin (q. 18, a. 5-9).

Suite à cette recherche préliminaire, Thomas introduit un
traité proprement dédié aux passions (*passiones animae*), qui
occupe une place tout à fait singulière dans son œuvre (I-II,
q. 22-48). Il n'y traite pas seulement de l'essence des passions
conçue comme motion de la puissance sensible conditionnée
par la perception de l'objet (q. 22-25), mais il analyse aussi
abondamment les onze passions et leur contraire, à savoir les
passions de la partie désirante de l'âme (*concupiscibilis*) –
(1) l'amour et (2) la haine (q. 26-29), (3) la concupiscence
(*concupiscentia*) et (4) le dégoût (q. 30), (5) le plaisir et (6) la
tristesse (q. 31-39) –, et celles de la partie irascible (*irascibilis*)
de l'âme – (7) l'espoir et (8) le désespoir (q. 40), (9) la peur et
(10) l'audace (q. 41-45), et enfin (11) la colère (q. 46-48 ; au
sujet des passions voir Jordan 1986, Brungs 2002).

Après avoir précisé ainsi l'essence de l'action humaine
et des passions, Thomas entreprend une recherche sur les
principes internes (q. 48-89) et externes (q. 90-114) des actes
humains. Par principes internes il entend dans ce contexte les

habitus, dans le sens de dispositions de l'âme, acquises et capables de réaliser une opération. Les vertus et les vices constituent de tels habitus bons ou mauvais. Le principe externe de l'action humaine peut être interprété comme la grâce, qui intéresse le théologien (q. 109-114), mais aussi comme la loi. Le traité de la loi (q. 90-108) s'intéresse aux lois éternelle, naturelle et humaine (q. 93-97), comme à la loi divine de l'*Ancien Testament* (q. 98-108). Il définit la loi comme une « prescription de la raison relative à la vie commune », qui est édictée par l'instance compétente en la matière (q. 90, a. 4 ; au sujet de la doctrine de la loi : Finnis 1980, Brown 1981, Lisska 1996, Porter 2005).

La seconde partie de la deuxième partie (II-II) élucide les vertus et les vices particuliers (II-II, q. 1-170), puis discute des différents états (*status*) humains (II-II, q. 171-189). Dans cette dernière partie, où il est notamment question de la prophétie (q. 171-174), de certains dons de la grâce (q. 175-178) et de diverses offices (q. 183-189), la section consacrée à la vie active et à la vie contemplative est particulièrement significative (q. 179-182). En accord avec Aristote, Thomas y souligne et y fonde la prééminence de la théorie et de la contemplation (q. 182, a. 1). Par ailleurs, lorsqu'il rencontre la question du rapport entre les deux formes de vie dans le cas d'un religieux (q. 188, a. 6), il remarque qu'il faut préférer la contemplation associée à l'enseignement, car « illuminer est plus grand que luire », c'est pourquoi il est plus méritoire de « transmettre à autrui les fruits de sa contemplation » (« contemplata aliis tradere ») que de contempler. Ces éléments permettent d'interpréter cette partie de la *Somme* comme un autoportrait intellectuel d'un auteur qui ne parle presque jamais de lui dans ses écrits.

Les trois vertus théologales – la foi, l'espérance et la charité – associées aux quatre vertus cardinales – la prudence, la justice, le courage et la tempérance – constituent un fil rouge pour la composition et l'organisation des cent soixante-dix questions consacrées aux vertus et aux vices. Thomas commence par les vertus théologales (q. 1-46). Suite aux 16 questions dédiées à la foi, il traite du désespoir (*desperatio*, q. 20) et de la présomption (*praesumptio*, q. 21), en relation avec l'espérance. Le traité particulièrement détaillé consacré à la charité (*caritas*, q. 23-46) comporte des articles sur la paix (q. 29) et la guerre (q. 40), où le thème de la guerre juste est brièvement traité (q. 40, a. 1), mais aussi un développement sur la mélancolie (*acedia*, q. 35). La prudence (*prudentia*, q. 47-56) acquiert une place éminente au sein des vertus cardinales, car elle joue un rôle décisif dans l'agir selon la raison (« agere secundum rationem ») et constitue ainsi l'ultime critère de l'action éthique au niveau naturel : il lui revient en effet de définir le milieu (*medium*) raisonnable des vertus (q. 47, a. 7). En tant que *recta ratio agibilium* qui ordonne l'action à sa fin (q. 22, a. 1), elle est rectrice de toutes les vertus (q. 21, a. 2 ad 2 ; q. 58, a. 2 ad 4).

Le traitement de la justice, seule vertu éthique qui se rapporte immédiatement aux autres hommes, est particulièrement important (q. 57-122). Dans ce contexte, Thomas traite notamment les questions de la propriété (q. 66, a. 1-2), de la juridiction (q. 67-71) et de la morale économique, en particulier de l'usure et du juste prix (q. 77-78). Dans le chapitre sur la justice entre cependant aussi la religion, sous toutes ses dimensions : la piété (q. 101), la gratitude (q. 106-107), la vérité et le mensonge (q. 109-113), tout comme l'affabilité (q. 114), la générosité (q. 117-119) et leurs contraires respectifs. En relation avec le courage (*fortitudo*, q. 123-140), les questions de la peur (*timor*, q. 125) et de la magnanimité (*magnanimitas*, q. 129 ; à ce sujet voir Gauthier 1951) méritent quelque intérêt. La tempérance (*temperantia*, q. 141-170) ne concerne pas seulement le comportement droit dans le domaine de l'alimentation (q. 146-150) et de la sexualité (q. 151-154), mais embrasse aussi la douceur (*clementia, mansuetudo*, q. 157), la modestie et l'humilité (q. 160-169). En relation avec la modestie, Thomas propose un développement fort intéressant sur le désir de connaître et la curiosité (q. 166-167). Il recommande une forme mesurée de curiosité (*curiositas*). Le théologien y affirme expressément que l'étude de la philosophie est autorisée et digne de louange (q. 167, a. 1 ad 3).

Tertia pars. La troisième partie de la *Somme de théologie*, inachevée, enquête d'abord sur l'incarnation et le rédempteur, sa passion et sa résurrection (III, q. 1-59), avant de traiter des sacrements (q. 60-90). Thomas n'a pu travailler qu'aux questions relatives au baptême (q. 66-71), à l'eucharistie (q. 72-83) et, en partie, au sacrement de pénitence (q. 84-90).

DE REGIMINE PRINCIPUM AD REGEM CYPRI
LE GOUVERNEMENT DES PRINCES. AU ROI DE CHYPRES

Ce miroir des princes inachevé se donne pour mission d'enquêter sur le sens du mot "roi" (*rex*). Il s'interrompt net au milieu du quatrième chapitre du deuxième livre. Les 12 chapitres du premier livre ne se contentent pas d'un questionnement sur le comportement droit du prince, mais s'engagent aussi dans la discussion de nombreux thèmes cruciaux pour la philosophie politique (voir Boyle 1974, Torrell 2015, p. 122-124).

La définition aristotélicienne de l'homme comme animal social et politique ouvre le premier chapitre. La nature sociale de l'homme tient à la nécessité : pour survivre, l'homme a besoin du concours des autres. Les hommes, qui se distinguent des autres animaux par le langage et leur plus grande capacité à communiquer (*magis communicatiuus*, *De regno*, 450a), doivent nécessairement vivre en communauté. La multiplicité des hommes doit donc être régie et dirigée. Ainsi, les chapitres 2 à 7 posent la question de la meilleure forme de gouvernement, en commençant par discuter des trois gouvernements justes et des trois gouvernements injustes, reprenant la partition aristotélicienne des formes de gouvernements. Le chapitre trois (*De regno*, 452a-453b) assoit le primat de la monarchie vis-à-vis des deux autres formes justes de gouvernement (la république et l'aristocratie) en faisant appel à l'expérience (*experimenta*) et en développant trois arguments rationnels : 1) la paix est mieux garantie par la monarchie, 2) et elle est protégée plus efficacement par l'unité de la multiplicité ; 3) enfin, la domination d'un seul est plus naturelle.

Le quatrième chapitre montre que la tyrannie est la pire de toutes les formes politiques, dans la mesure où elle signifie la ruine de la meilleure. Après un aperçu rapide de l'histoire du peuple romain (c. 4), une thèse antidémocratique est avancée et appuyée au moyen d'arguments ; selon Thomas, la dégénérescence de la souveraineté d'un homme unique est en effet moins à craindre que la mauvaise direction d'une multitude (c. 5). Le chapitre 6 montre comment éviter la tyrannie et la combattre. Il faut destituer le tyran excessif ou le soumettre à une autorité de tutelle. Au lieu de commettre un tyrannicide, Thomas recommande cependant de faire confiance au juge suprême (*De regno*, 436a-b).

Dans les chapitres 7, 10 et 11, Thomas expose certains aspects de l'action juste du souverain, conformément au programme des miroirs des princes. Le prince doit tendre vers

le vrai bonheur, qui ne peut être trouvé qu'en Dieu (c. 8-9).
Cependant, le traité atteint sans doute son point culminant
dans les chapitres 1 à 4 du deuxième livre : sur la base du
principe aristotélicien affirmant que l'art imite la nature,
Thomas y développe une analogie entre la domination de Dieu
sur le monde et la mission du prince. Selon ce parallèle, la
tâche du roi est semblable à celle de l'âme régnant sur le corps
et à celle de Dieu régissant le monde (II, c. 2). Dieu a créé le
monde et le gouverne, de même la mission du prince réunit
deux aspects, la fondation de l'État (*institutio*) et son gouvernement (*gubernatio*). L'*institutio ciuitatis* aurait dû faire
l'objet des développements du deuxième livre. Dans les quatre
chapitres que nous possédons, Thomas n'a pu traiter que de la
question de son lieu propre (II, c. 6-8). Les chapitres 3 et 4 du
deuxième livre traitent quant à eux du juste gouvernement du
royaume. La définition de l'action de gouverner (*gubernare*)
comme conduite de la communauté à une juste fin pose la
question de la finalité du genre humain. Si la vie vertueuse
(*uirtuosa uita*) était la fin ultime de l'être humain, la communauté politique serait la forme de vie la plus parfaite et il
incomberait au prince de conduire les hommes à cette fin.
Cependant, puisque la vie bonne ne constitue qu'un moyen
pour l'accession à la « félicité céleste » et puisque le règne
(*regimen*) à qui est confiée la direction des hommes vers cette
fin éminente revient au Christ et à son vicaire terrestre, toute
puissance temporelle est soumise au pape (*De regno*, 466a-b).
Dans cette précise hiérarchie des fins, la tâche des gouvernants
consiste à maintenir la paix dans la communauté, à protéger
celle-ci des menaces extérieures, mais aussi à instituer une
législation juste, qui favorise la vie vertueuse, objet et fin de
l'ordre politique (II, c. 4).

QUAESTIONES DISPUTATAE DE MALO
QUESTIONS DISPUTÉES SUR LE MAL

Contrairement aux autres recueils de questions disputées, les 101 articles qui forment ces 16 questions peuvent être organisés sans grande peine. En effet, les cinq premières questions traitent du problème du mal et de l'agir mauvais en général; quant aux questions 7 à 15, elles s'intéressent aux actions mauvaises particulières en passant en revue les sept péchés capitaux. Cet ensemble est complété par une question sur le diable (q. 16), son rapport au mal (a. 2), sa liberté (a. 5), sa connaissance (a. 6-8) et sa capacité à agir sur les mondes corporel et spirituel (a. 9-12). Au milieu systématique de cette collection de questions, Thomas traite également de la liberté humaine (q. 6; voir Pesch 1962).

Au début de cette compilation, Thomas aborde la question du mal dans une perspective métaphysique (q. 1, a. 1). Il l'interprète comme la privation (*privatio*) d'une perfection ou d'un bien déterminé, qui est lui-même envisagé comme désirable. À la question qui sert de titre – le mal est-il quelque chose (*aliquid*)? –, Thomas répond par la négative. L'argumentation en faveur de cette réponse s'appuie principalement sur la thèse de la convertibilité de l'être désiré par n'importe quel étant avec le bien. Le bien est cause du mal, dans la mesure où aucun être ne fait quelque chose de mal sans rechercher un bien (q. 1, a. 3). La distinction entre le mal qui est constitué par la faute et celui que représente la punition (*poena*) joue en outre un rôle primordial pour les êtres raisonnables et libres (q. 1, a. 4-5).

Le péché (*peccatum*) doit être considéré comme une violation de la règle par un être libre et une déviation par rapport à la fin (q. 2, a. 1), dont la cause principale est le libre arbitre de l'agent et non pas le diable (q. 3, a. 3-5). Dans la conception thomasienne du péché originel, thématisé dans la quatrième question, ce dernier affecte premièrement la volonté (q. 4, a. 5) et se transmet par la génération (*seminaliter*, q. 4, a. 6-8). La punition réside avant tout dans le fait suivant : l'homme a perdu la justice originelle (q. 5, a. 1) qui lui est nécessaire pour atteindre sa fin, à savoir la vision de l'essence divine ; ainsi, bien qu'il aspire par nature à cette fin, seul un acte de foi lui procure la certitude de pouvoir l'atteindre après la mort (q. 5, a. 3). La mort est une conséquence du péché originel héréditaire (q. 5, a. 4), alors même qu'une certaine inclination naturelle à l'immortalité est propre à l'homme en tant qu'être spirituel (q. 5, a. 5).

Après avoir traité très en détail de la nature des péchés véniels par opposition aux péchés mortels dans la septième question, Thomas consacre un examen précis aux sept péchés capitaux (*vitia capitalia*), en commençant par l'orgueil, racine de tous les péchés (q. 8, a. 2-4), et par la vaine recherche de la gloire (q. 9). La jalousie est définie comme le regret d'un bien appartenant à autrui (q. 10), alors que le profond ennui (*acedia*) est décrit comme le regret d'un bien spirituel que l'on ne possède pas (q. 11, a. 1). Ses conséquences sont notamment la pusillanimité, le désespoir et l'hébétude (*torpor*, q. 11, a. 4). La discussion de l'avarice fournit l'occasion de traiter du problème de l'usure (q. 13, a. 4). Prélever un intérêt sur de l'argent prêté va à l'encontre de la justice naturelle, car cette pratique consiste à vendre quelque chose qui n'existe pas. L'argent, qui fut inventé pour accomplir des échanges, appartient en effet au domaine des choses dont l'usage ne devrait pas être séparé des biens eux-mêmes. Thomas achève ce traité sur les sept péchés capitaux par une discussion de la gourmandise (*gula*, q. 14) et de la luxure (*luxuria*, q. 15), assimilée à une sexualité qui n'est pas orientée vers la reproduction. Cet ensemble textuel est singulier dans l'œuvre de Thomas, dans la mesure où il organise l'enquête morale en se servant de la liste des *vitia capitalia* établie par Grégoire le Grand, alors que le fil conducteur de cette même recherche dans la *Somme de théologie* est fourni par la structure des sept vertus.

La question 6 revêt une signification particulière, pour une double raison. D'une part, il existe des relations assez claires entre cette question et la condamnation de 13 thèses philosophiques par l'évêque Étienne Tempier, le 10 décembre 1270; parmi ces articles condamnés, on rencontre la thèse selon laquelle la volonté veut son objet nécessairement (Articulus 3, Denifle, Chartularium, 486) et l'affirmation de la motion du pouvoir de décision, purement passif, par l'objet désiré (Articulus 9, Denifle, Chartularium, 487). D'autre part, les prises de position relatives à la liberté, telles qu'elles sont exposées dans cette question, se révèlent particulièrement significatives si l'on s'intéresse aux développements doctrinaux relatifs à ce thème, notamment si l'on compare ce texte avec les thèses du deuxième livre du *Commentaire des Sentences* (Sent. d. 25, a. 2), du *De veritate* (q. 22, a. 5-6) et de la *Somme de théologie* (I, q. 82, a. 1; Pesch 1962, au sujet de la datation, voir Lottin 1960, 6, p. 352-372).

Lorsqu'il répond à la question si l'homme accomplit ses actes librement ou choisit quelque chose par nécessité (« ex necessitate eligit »), Thomas prétend que la thèse déterministe est non seulement hérétique, mais qu'elle détruit également la philosophie morale tout entière. Il faut en outre considérer que l'intellect et la volonté, en tant qu'elle est le principe actif des actes humains, sont des puissances universelles : la volonté est rapportée au bien absolument parlant, et non pas à un bien en particulier. Si l'on demande ce qui meut la volonté à agir, il convient de distinguer l'accomplissement de l'acte par le sujet agissant de la détermination de l'acte par l'objet. La réponse comprend donc trois niveaux. 1) La volonté s'autodétermine

pour l'accomplissement de son acte (*exercitium actus*),
c'est-à-dire qu'elle se meut elle-même («uoluntas mouet se
ipsam»); cela vaut également pour la connaissance humaine.
En ce sens, la volonté meut également l'intellect à connaître,
dans la mesure où elle pousse toute puissance à agir.
2) Lorsqu'il s'agit de choisir tel ou tel bien, le libre choix de la
volonté est cependant précédé par l'appréhension de la bonté
de ce bien; il présuppose donc un acte de l'intellect. 3) Par
ailleurs, la félicité conçue comme dernière cause motrice de
toute action humaine meut la volonté de manière nécessaire,
car l'homme ne peut pas vouloir le contraire de la félicité.
Dans le contexte d'une problématique devenue urgente, alors
que s'opposaient les défenseurs du primat de la volonté (par
exemple Gauthier de Bruges) et ceux d'un déterminisme
intellectuel fort (par exemple Siger de Brabant), Thomas
recherchait une voie médiane entre les prétentions de
l'intellect et la liberté de la volonté.

SENTENTIA SUPER PHYSICAM
COMMENTAIRE DE LA PHYSIQUE

Considérant la *Physique* comme le traité de base en
philosophie naturelle, Thomas discute en détail de l'objet de la
philosophie naturelle en général et du contenu de la *Physique*
en particulier (voir Elders 1987, 1, p. 23-53). Au début de son
commentaire, il définit le sujet (*subiectum*) de la philosophie
naturelle comme l'*ens mobile*, qui ne peut ni exister ni être
défini sans la matière (*Phys.*, n. 3). Alors que la *Physique*
enquête sur l'étant mobile absolument parlant, les autres livres
de philosophie naturelle, que Thomas identifie implicitement
avec le corpus des traités de philosophie naturelle aristotéliciens, sont consacrés aux différentes sortes d'étants mobiles.

Il convient de signaler que le concept aristotélicien de changement (*motus*) y est envisagé en un sens fort vaste, qui comprend
aussi bien la génération et la corruption, les changements
qualitatif et quantitatif, et le mouvement local. Thomas interprète l'ensemble du corpus textuel aristotélicien comme un
tout systématiquement ordonné, et considère également les
écrits particuliers comme des œuvres rationnellement struc-
turées. À deux endroits, il critique expressément le commentaire d'Averroès, lorsque le Commentateur sous-entend que la
méthode et le procédé du Stagirite ne sont pas absolument
rigoureux et ordonnés (*Phys.*, n. 920, n. 966). Dès lors que la
Physique est regardée de cette manière, il est possible d'affirmer que les livres III à VI étudient le mouvement en soi, alors
que les autres livres sont dédiés au rapport du mouvement au
moteur et au mû (*Phys.*, n. 275). Aristote y prouve avant tout
l'existence d'un premier mouvement et d'un premier moteur;
l'œuvre atteint donc son point culminant avec la recherche
d'un moteur immobile (livre VIII).

Les deux premiers livres ont un caractère propédeutique :
ils traitent d'abord des principes des choses naturelles – du
sujet, de la forme et de la privation (Livre I) –, puis du concept
de nature et des causes (Livre II). Bien que Thomas tente avant
tout d'expliquer le texte et accorde donc une place importante
à l'exposé de la division du texte (*divisio textus*), il est possible d'identifier dans l'œuvre une série de discussions philosophiques d'importance, qui vont bien au-delà de l'exégèse
littérale. Dans cette optique, les enseignements relatifs aux
trois principes des choses naturelles (la forme, le sujet et la privation), la définition de la nature comme principe de mouvement et de repos (*Phys.*, n. 145), la théorie des quatre causes –
éléments qui appartiennent tous à la philosophie de la nature
(*Phys.*, n. 244-246) –, ainsi que la téléologie immanente à la
nature (II, lectiones 12-14) sont présentés et élucidés en détail

dans les Livres I et II. En relation avec l'interprétation de la célèbre définition du changement (*motus*) comme « acte de l'existant en puissance en tant que tel » (« actus existentis in potentia secundum quod huiusmodi », *Phys.*, n. 285), Thomas souligne que les espèces de changement correspondent aux catégories de la quantité, de la qualité et du lieu, de sorte qu'il existe une analogie entre changements et catégories (*Phys.*, n. 282). Fondée sur les catégories, cette distinction entre changement quantitatif, changement qualitatif et mouvement local est retravaillée dans le livre V, qui envisage les espèces du changement une à une (V, lectio 4). Un long excursus de la leçon 5 revêt un intérêt tout à fait particulier ; il procède précisément à une déduction des dix catégories (*Phys.*, n. 322). Comme les lieux parallèles du commentaire de la *Métaphysique* (*Metaph.*, n. 891-893), le développement se fonde sur une analogie entre les modes de prédication (*modi praedicandi*) et les modes d'être (*modi essendi* ; voir Breton 1962, Wippel 1987).

Dans le quatrième livre, Thomas s'intéresse en particulier à la discussion du temps, qui occupe les leçons 15 à 23. La principale difficulté liée à la définition aristotélicienne du temps comme « nombre du mouvement selon l'avant et l'après » (*Phys.*, n. 580) regarde la réalité du temps : est-il une *res naturae* ou seulement une *intentio animae* (*Phys.*, n. 573) ? En d'autres termes, le temps existerait-il s'il n'y avait pas d'âme pour le penser (n. 627) ? Thomas résout le problème en signalant que le mouvement et le temps ne possèdent qu'un être diminué, imparfait (*utcumque ens*), en dehors de l'âme et qu'ils n'acquièrent une actualité pleine que par l'âme qui les mesure. L'affirmation de l'unité du temps, qui est assurée par le mouvement de rotation journalier de la première sphère, consolide la thèse de la réalité du temps.

Thomas est bien sûr très intéressé par la preuve d'un premier moteur immobile, exposée par Aristote dans le

huitième libre; son commentaire précis du concept d'auto-
motion (lectiones 10-11), ses développements relatifs à la
prééminence accordée par Aristote au mouvement local
(lectiones 14-15) et au mouvement circulaire (lectiones 16-
17), mais avant tout sa lecture de l'axiome affirmant que tout
ce qui est mû, est mû par un autre que soi (*Phys.*, n. 1021-
1036), en témoignent avec la plus grande clarté.

Parmi les commentaires des écrits aristotéliciens, le
commentaire de la *Physique* occupe une place particulière,
dans la mesure où la critique d'Averroès y est particulièrement
vive. Dans cette optique se fait jour une stratégie interprétative
qui atteste une relation forte entre l'interprétation d'Aristote et
les écrits polémiques, notamment le *De unitate intellectus*,
et qui jette une lumière particulière sur le projet exégétique
relatif à Aristote. Thomas ne se contente pas de rejeter
certaines interprétations proposées par Averroès (par exemple
en *Phys.*, n. 797, 889, 918, 920), mais il qualifie également
la lecture averroïste de ridicule (*ridiculum*, *Phys.*, n. 477) et
de frivole (n. 536). L'attaque contre le philosophe arabe est
particulièrement violente dans les deux premières leçons
du huitième livre. Là, Thomas lui reproche d'avoir mal
compris la thèse aristotélicienne de l'éternité du mouvement et
d'avoir utilisé cette interprétation fallacieuse pour attaquer
les doctrines chrétiennes (*Phys.*, n. 973). Thomas distingue
précisément l'interprétation du texte, qui tend à découvrir
l'intention de l'auteur (*intentio auctoris*), de la vérité proprement dite. Il veut ainsi montrer qu'Averroès comprend mal
Aristote et qu'il contredit par ailleurs la vérité (*Phys.*, n. 1149,
1153). Il convient enfin de distinguer de ces deux premiers
niveaux d'analyse l'opposition à la foi chrétienne. Thomas sait
que l'enseignement d'Aristote, dans certains cas, n'est pas
compatible avec la foi (*Phys.*, n. 986), mais il met manifestement tout son art d'herméneute au service d'une preuve de la

compatibilité entre les doctrines fondamentales du Stagirite et les réquisits de la foi chrétienne.

DE UNITATE INTELLECTUS
L'UNITÉ DE L'INTELLECT

Thomas décrit très précisément les destinataires de ce traité polémique rédigé peu après la condamnation parisienne du 10 décembre 1270 (édité Leonina 43, 291a-314b). Au début du texte (§ 1 selon la division des paragraphes de l'édition publiée par de Libera 1994), il déplore que, depuis un certain temps, une erreur relative à l'intellect se répande. Elle repose sur les dires (*dicta*) d'Averroès et concerne l'interprétation de l'intellect possible (*intellectus possibilis*) dont a parlé Aristote. Selon cette erreur (*error*) particulièrement pernicieuse, l'intellect possible serait une substance séparée du corps (thèse 1). Les adversaires de Thomas affirment en outre l'unicité de l'intellect possible (thèse 2). À la fin de cet écrit éminemment polémique (§ 118), Thomas achève le portrait de son adversaire. Il le décrit comme un chrétien parlant irrévérencieusement (*irreverenter*) de sa foi et dont le comportement est condamnable pour trois raisons. D'abord ce chrétien doute de la conformité de la thèse mentionnée, relative à l'intellect, avec la foi chrétienne. En un deuxième mouvement, il se distancie donc de sa propre foi. Il doute enfin de la toute-puissance divine, lorsqu'il pose l'impossibilité pour Dieu de créer une pluralité d'intellects, en invoquant la contradiction (*contradictio*) que renfermerait une telle action. Thomas juge cependant plus dangereuse encore l'affirmation selon laquelle on peut déduire quelque chose comme nécessairement conforme à la raison, tout en croyant le contraire. L'adversaire de Thomas sous-entendrait de fait que « la foi concerne des propositions dont les contraires (*contraria*) peuvent être déduits nécessairement » (§ 119). Comme l'a montré de Libera (2004, p. 506-521), la fin de ce traité, où Thomas reproche à son adversaire d'admettre la proposition « je prouve p et croit que non-p », formule pour la première fois le principe de la « double vérité », avec lequel Étienne Tempier ouvre son Syllabus de 1277. Par ailleurs, la négation de la réalité du feu de l'enfer par son adversaire permet aussi à Thomas d'exprimer une claire répartition des compétences : le philosophe ne doit pas s'aventurer à disputer (*disputare*) des objets de pure foi.

Bien que l'erreur à combattre contredise la foi chrétienne, supprimant l'immortalité individuelle et par conséquent le système des punitions et des récompenses dans l'au-delà (voir § 2), Thomas veut surtout prouver que la première thèse évoquée, celle d'« Averroès » affirmant que l'intellect possible est une substance séparée, contredit aussi les principes de la philosophie, qu'elle s'oppose frontalement aux énoncés littéraux et aux enseignements du *De anima* d'Aristote. En un premier moment (chap. 1), Thomas se livre à un commentaire de texte très précis pour démontrer trois thèse interprétatives : 1) selon Aristote, le « ce par quoi nous connaissons » (*id quo intelligimus*) est la forme du corps (§ 11) ; 2) l'intellect possible est une partie de l'âme (§ 26) ; 3) l'opération de l'intellect ne s'effectue pourtant pas à l'aide d'un organe, mais elle est une opération indépendante du corps et peut dont être décrite, en ce sens, comme « séparée » (§ 38). Ce faisant, le premier chapitre s'efforce d'exposer la bonne et conciliante interprétation de la définition aristotélicienne de l'âme comme « acte premier d'un corps organisé » (*De anima* II, 1, 412a19-20), en conformité avec la conception de l'intellect comme partie de l'âme ; il apporte ainsi la preuve qu'Averroès a lu Aristote de manière dévoyée (*peruerse exponit*). Cependant, il

faut encore montrer – et telle sera la tâche du deuxième chapitre – que l'interprétation du commentateur arabe s'oppose
aussi à toute la tradition péripatéticienne. À la barre des
témoins sont appelés Themistius (§ 49-52), Théophraste
(§ 53-54), Alexandre d'Aphrodise (§ 55), mais aussi Avicenne
(§ 56-57) et Al-Gazali (§ 58). Au moyen de cette stratégie de
l'isolation, qui aboutira à la stigmatisation d'Averroès en
philosophie peripatetice deprauator (§ 59, 302b), le chapitre 3
prouve que « l'intellect est une puissance de l'âme qui est la
forme du corps », de manière philosophique plutôt que philo-
logique (§ 60, 302b). Cette preuve passe par une analyse des
opérations de l'intellect. Il s'agit en effet d'élucider la signification de cette proposition : « cet homme-ci intellige » (« hic
homo singularis intelligit », § 61, 303a). Selon la doctrine
averroïste, l'homme s'unit à l'intellect séparé moyennant
les représentations sensibles de l'imagination ; aux yeux de
Thomas, cette thèse implique qu'il y ait deux sujets de la
pensée humaine, l'intellect possible séparé et l'image mentale
dans l'âme (§ 62 ; voir de Libera 2004, p. 197-225). Elle fait
ainsi défaut à l'expérience de la connaissance dont seule
l'union de l'intellect, comme principe d'opération, avec la
forme du corps permet de rendre compte (§ 77).

Les chapitres 4 et 5 s'occupent de réfuter la deuxième
thèse, à savoir la postulation d'un seul intellect possible pour
tous les hommes. Celle-ci ne contredit pas seulement l'évidence des faits, mais aussi l'éthique et la vie communautaire
des hommes (*conuersatio ciuilis* ; § 87). En réfutant les
arguments de ses adversaires contre la pluralité des intellects,
Thomas résout le délicat problème de la possibilité d'une
connaissance identique par des intellects numériquement
distincts et celui de la possession d'un même savoir par
l'enseignant et l'élève, malgré la différence de leurs actes

de connaissance (§ 109). Dans ce but, il use d'une distinction entre ce qui est connu (*res scita*; *id, quod intelligitur*) et ce par quoi quelque chose est connu (*species intelligibilis*, 312b; *id, quo intelligitur*).

À l'évidence, avec cet écrit Thomas n'entend pas seulement remettre en cause la compétence interprétative de celui que la tradition désigne comme le *Commentator*, mais il s'en prend surtout à des contemporains, qui n'ont d'yeux que pour le commentaire d'Averroès (§ 117, 314a). Par ailleurs, Siger de Brabant, parmi d'autres, est incontestablement la cible des attaques de Thomas (comme l'atteste notamment l'argument disant que Dieu ne pourrait pas créer une pluralité d'intellects sans se contredire : § 96, voir aussi § 101). De fait, Thomas a sans conteste favorisé la stigmatisation future d'une position averroïste et sa condamnation par les autorités ecclésiastiques. Comme l'a soutenu de Libera (2004, p. 13), cette confrontation thomasienne avec la thèse d'un unique intellect séparé des individus a incontestablement conduit à poser la question du sujet de la connaissance avec une urgence nouvelle. Avec cette interrogation, la question du sujet de la connaissance entrait en effet dans la panoplie des problèmes philosophiques.

Le traité est très instructif du point de vue méthodologique également : Thomas y met en œuvre de manière exemplaire la stratégie en trois phases qu'il avait élaborée pour combattre Averroès et ses partisans dans le deuxième livre de la *Somme contre les Gentils* déjà, et qu'il avait appliquée dans le *Commentaire de la Physique*. Il s'agit de montrer que les doctrines de ses adversaires 1) manquent l'intention d'Aristote, 2) sont en contradiction avec la vérité et 3) ne sont pas compatibles avec la foi chrétienne.

EXPOSITIO LIBRI PERYERMENEIAS
COMMENTAIRE SUR LE LIVRE DE L'INTERPRÉTATION

Le commentaire inachevé du deuxième écrit composant l'*Organon* aristotélicien peut être désigné comme *expositio*, c'est-à-dire commentaire (voir Isaac 1953, Mura 1987, García 2006). Il constitue en effet plus qu'une *sententia*, écrit comportant en général un court résumé et une division du contenu ; il est plus détaillé et plus approfondi que la majeure partie des autres commentaires transmis et contient une série d'excursus importants, au sujet de problèmes centraux qui naissent au cours de l'interprétation du texte commenté.

1) Au début de ses deux commentaires logiques, sur le *Peri Hermeneias* et sur les *Seconds analytiques*, Thomas prend position relativement aux questions introductives traditionnelles (*Perih.*, 5a-6a). Son exposé se base sur une distinction de trois opérations de l'intellect, qu'il n'est certes pas le premier à utiliser mais à laquelle il confère une portée nouvelle. Elle lui permet en effet de distinguer de manière cohérente et éclairante les trois parties de la logique : aux *Catégories* revient la saisie des concepts, au *Peri Hermeneias* l'activité d'affirmer et de nier et au reste de l'*Organon* les opérations argumentatives.

2) Le passage crucial où Aristote décrit avec une remarquable concision les relations entre *scriptura, vox, passiones anime* et *res* (16a3-9) soulève en premier lieu trois questions. a) Comment interpréter les termes qui entrent en jeu dans le dénommé « carré sémantique » ? b) Comment concevoir les relations entres les trois termes ? c) Comment envisager leur hiérarchie logique et ontologique ? (a) Thomas n'interprète pas simplement la notion de *passio animae* dans le sens boécien de « concept » (*intellectus conceptiones* ; *Perih.*, 11a). Il se soucie en outre de légitimer la terminologie aristoté-

licienne : la *passio* doit être conçue comme une impression (*impressio alicuius agentis*, *Perih.*, 11b) et décrit donc aussi un rapport particulier, de nature causale, entre les objets et les concepts. (b) Avec Boèce, Thomas défend la thèse du rapport immédiat des signes linguistiques aux concepts et de leur rapport aux choses par la médiation des concepts. À cet endroit, il ajoute à son commentaire deux brèves remarques relatives à la nécessité du langage et de l'écriture : i) l'homme a besoin du langage, car il est un être social et politique. ii) Il veut signifier des faits de manière à ce qu'ils échappent au conditionnement spatio-temporel ; de ce point de vue, l'écriture se révèle nécessaire (*Perih.*, 9b-10a).

3) La célèbre proposition d'Aristote (16a12) selon laquelle « la vérité et la fausseté regardent la composition et la division » (« circa compositionem enim et diuisionem est ueritas falsitasque ») donne lieu à la rédaction d'une longue note (*Perih.*, 15b-17b), organisée comme une *Quaestio* incidente et qui comporte trois interrogations. a) Ne peut-on pas dire aussi des choses qu'elles sont vraies ? b) Aristote n'affirme-t-il pas que la perception sensible est toujours vraie, bien qu'il n'y ait là ni composition ni division ? c) Comment concevoir que l'intellect divin, où n'entre aucune composition, possède cependant la vérité, sans l'ombre d'un doute ? La thèse de la convertibilité de l'étant et du vrai permet d'élaborer une réponse différenciée à la première objection. Thomas y postule clairement que l'expression "vrai" renferme toujours une relation à un intellect (« de quocunque dicatur uerum, oportet quod sit per respectum ad intellectum » ; *Perih.*, 16a) et qu'on ne peut parler de connaissance de la vérité au sens propre que dans le cas où l'intellect appréhende sa propre conformité à son objet (*Perih.*, 16b). La réponse à la deuxième question fournit à Thomas l'occasion d'expliquer ce qu'il entend lorsqu'il prétend que la connaissance de la vérité

comprend une saisie de la conformité de l'intellect et de son objet : la connaissance de la vérité s'accomplit en effet dans un jugement, une affirmation ou une négation (*Perih.*, 17a-b). La réponse à la troisième question est fort brève, néanmoins importante. Thomas y souligne l'absolue simplicité de l'intellect divin et précise en même temps que le Philosophe – Aristote – ne considère que la connaissance humaine.

4) Parmi les lieux les plus difficiles et les plus discutés du traité aristotélicien, on trouve sans doute le passage où Aristote parle de la copule "est", de manière fort concise. Il prétend que prise en elle-même cette copule n'est rien (16b23 ; « ipsum quidem nihil est ») et signifie la composition. L'interprétation de Boèce a assurément influencé l'histoire entière des lectures latines. Elle distingue avant tout deux usages du verbe "est", qui furent décrits durant le Moyen Âge comme *secundum* et *tertium adiacens*. L'interprétation de Thomas souligne que le verbe "est" possède une double signification (*Perih.*, 39a-31b ; à ce sujet : Zimmermann 1971, Rosier Catach 2009) : a) D'un premier point de vue, il signifie l'être (*significat esse*) ; b) d'un second point de vue, la composition interne aux énoncés (*consignificat compositionem*). Relativement au premier aspect, il est précisé qu'il signifie « ce qui tombe d'abord dans l'intellect sur le mode de l'actualité absolue » (« significat enim id quod primo cadit in intellectu per modum actualitatis absolute » ; *Perih.*, 31b). Tout usage du verbe "est" renvoie cependant à l'être existant en acte (*esse actu*, « per modum actualitatis absolute »). Thomas ne se contente de fait pas de l'interprétation purement syncatégorématique de la copule. Il postule au contraire une signification de la copule différente de sa simple fonction de liaison. Dans cette optique, l'existence réelle de la forme est exprimée dans la copule. Plus loin, lorsqu'il commente le passage 19b20 où Aristote parle du verbe "est" pris comme *tercium adiacens*,

Thomas interprète la copule comme le membre qui lie le prédicat au sujet (*Perih.*, 88a-b). En accord avec une longue tradition, il positionne cet usage de "est" en opposition à un autre. La proposition "Socrate est" affirme que Socrate existe (« est in rerum natura »), alors que l'être dont on dit qu'il joue le rôle de copule ne signifie rien de réel; il est seulement produit par un acte mental.

5) Thomas discute en détail la célèbre définition de l'universel comme ce qui peut être dit de plusieurs (17a38, *Perih.*, 50a-51a). Il insiste sur la nécessaire distinction, pour chaque chose, entre ce qui lui appartient en propre et ce qu'elle a en commun avec d'autres. Selon Thomas, Aristote parle là des choses et de leurs différences dans leur rapport à l'intellect (« secundum quod referuntur ad intellectum », *Perih.*, 50a). Par ailleurs, les universaux ne décrivent pas seulement des noms ou des concepts, mais aussi ce que le signe linguistique est censé signifier (« id quod significatur per nomen »; *Perih.*, 50a).

6) Le neuvième chapitre du traité fait partie des textes les plus importants de l'Antiquité, qui fut interprété et discuté un nombre incalculable de fois. Il concerne la vérité des énoncés relatifs au futur. Lorsqu'il aborde le problème soulevé par Aristote au sujet de la valeur de vérité des énoncés singuliers relatifs à des événements futurs et contingents, Thomas suit l'interprétation dite standard : un énoncé au sujet de *futura contingentia* n'est ni vrai ni faux (voir Marenbon 2005). Il enrichit cependant son interprétation au moyen d'excursus très fournis par endroits. Il insère en effet a) un traité détaillé sur le possible et le nécessaire (*Perih.*, 73a-75b), qui discute les positions anciennes transmises par Ammonius et Boèce, b) une réfutation du déterminisme astral (*Perih.*, 75b-76b), c) un court traité sur la providence divine et ses liens à la contingence et à la liberté (*Perih.*, 76b-79a). Selon Thomas, la

providence peut être admise sans problème, à condition qu'elle repose sur une bonne conception de la transcendance, selon laquelle le savoir de Dieu est situé en dehors de l'ordre temporel et la volonté divine est la cause de la nécessité et de la contingence. Enfin, d) Thomas introduit une réfutation du déterminisme de la volonté par son objet (*Perih.*, 79a-79b). Avec raison, plusieurs commentateurs ont lu ce dernier excursus comme une prise de position relative à deux articles condamnés à Paris en 1270 (voir *Perih.*, 79, note à la ligne 464). Au cours de son commentaire, Thomas est manifestement soucieux de défendre la liberté humaine et la providence efficace de Dieu et il le fait dans une optique spécifiquement philosophique, sans faire appel à la théologie. Non seulement les excursus (b) et (d) constituent des plaidoyers évidents en faveur de la liberté de l'homme, mais la liberté de décision de l'homme paraît aussi fournir un angle d'approche pour toute l'explication du texte car, sans cette liberté, la communauté humaine serait dépouillée de sens comme de philosophie morale (« tollitur totus ordo conuersationis humane et omnia principia philosophie moralis »; *Perih.*, 72a-b).

Le commentaire atteste clairement du fort intérêt philosophique de Thomas pour les écrits d'Aristote et leurs interprétations.

DE SUBSTANTIIS SEPARATIS
LES SUBSTANCES SÉPARÉES

Le prologue de cet écrit tardif et inachevé (*De sub.*, 41-80; à ce sujet : Lescoe 1974, Torrell 2015, p. 283-284) décrit précisément le thème qui doit en fournir la matière : il s'agit de traiter de la perfection des anges, dans une perspective philosophique aussi bien que théologique. Cette double orientation méthodologique fournit en même temps le plan de l'ouvrage. La première partie (c. 1-17) sera en effet dédiée à la présentation des témoignages philosophiques relatifs aux substances séparées, c'est-à-dire immatérielles. De la seconde partie, qui prévoyait de montrer quels étaient les enseignements de la religion chrétienne au sujet de tels êtres, seuls trois chapitres nous sont parvenus (c. 18-20). Ils traitent du statut de créature des anges, de leur immatérialité et de l'existence de bons et de mauvais anges.

La première partie adopte une démarche historique aussi bien que systématique. D'une part (1), elle présente en effet des positions historiques. D'autre part (2), elle esquisse et évalue des conceptions théoriques relatives à la nature et à la fonction des substances immatérielles. 1) Le spectre pris en compte par l'approche historique est très vaste. Thomas y présente et critique des éléments doctrinaux platoniciens (c. 11) et manichéens (c. 17); il expose par ailleurs des thèses et des propositions systématiques d'auteurs singuliers, et met notamment à l'épreuve les théories d'Origène (c. 12), d'Avicenne (c. 2 et 10) et d'Avicebron (c. 5 à 8). Les enseignements de Platon et d'Aristote bénéficient d'une attention particulière et sont soumis à une comparaison (c. 3-4). En ce domaine, les thèses aristotéliciennes sont plus sûres (*certior*), mais moins satisfaisantes (*minus sufficiens*) que celle de Platon (*De sub.*, 45a). 2) Du point de vue systématique, Thomas discute principalement la thèse affirmant que les substances immatérielles ne sont pas créées (c. 9), ainsi que la dénégation de la providence divine (c. 13 à 16).

Cette confrontation de Thomas à ses prédécesseurs grecs, arabes et juifs ne procure pas seulement une intelligence de sa conception de l'histoire de la philosophie, mais elle révèle également certaines options théoriques fondamentales. Le premier chapitre présente le cheminement de la philosophie allant des premiers philosophes de la nature jusqu'à Platon comme un progrès conditionné par deux types d'abstraction, celle qui permet d'obtenir les nombres et les figures mathématiques et celle qui procure l'universel. Ces deux abstractions permettent de comprendre pourquoi Platon a postulé deux genres de choses séparées du monde sensible, les nombres et les idées. Selon le deuxième chapitre, la méthode suivie par Aristote pour découvrir les substances immatérielles est plus sûre et plus pertinente, car elle se fonde sur une analyse du changement (*via motus*), pour laquelle le principe de causalité – tout ce qui est mû, est mû par un autre que soi – joue un rôle décisif. Pourtant, Thomas juge insatisfaisant le postulat aristotélicien d'une parfaite coïncidence entre le nombre de substances immatérielles et le nombre de mouvements du ciel. La concordance entre les théories d'Aristote et de Platon relativement à ces êtres ne regarde pas seulement leur immatérialité, mais aussi leur origine en Dieu, ainsi que la providence divine (c. 3). La vaste confrontation à Ibn Gabirol, qui s'étend sur trois chapitres, peut être lue comme une réfutation décisive de l'hylémorphisme universel – théorie qui prétend, comme son nom l'indique, que toutes substances hormis Dieu sont composées de matière et de forme. La réfutation de cette thèse se fonde sur l'identification de deux erreurs fondamentales (c. 5; *De sub.*, 48a), dont le rejet est symptomatique de la philosophie thomasienne. 1) Avicebron postule une conformité entre l'ordre du connaître et l'ordre de l'être, de sorte qu'une composition de l'ordre de la pensée corresponde nécessairement à une composition réelle (*compositio realis*). 2) En outre, l'auteur du *Fons vitae* envisage la potentialité de manière univoque, comme si l'être en puissance et la réceptivité étaient prédiqués de tous les degrés de réalité avec la même signification et existaient en eux de la même manière. Lorsqu'il réfute le jugement erroné déniant aux substances séparées la possibilité d'être créées (c. 9), Thomas insiste sur le fait qu'une bonne conception de la création présuppose que l'intellect transcende l'ordre sensible et envisage un autre mode de causation que le mode observable dans les choses matérielles (*De sub.*, 57a). Le modèle émanationniste d'Avicenne et du *Liber de causis*, critiqué dans le dixième chapitre, s'écarte lui aussi de la conception adéquate de la création de tout être par une première cause intelligente et libre. Idem pour la théorie attribuée à Platon et postulant différents principes hiérarchiquement ordonnés (c. 11) : elle contredit la thèse de la création universelle et immédiate de tout être par Dieu. Selon Thomas, toutes les substances immatérielles reçoivent en effet leur être et leur essence de Dieu, sans médiation. La négation de la providence divine ou l'erreur relative à son extension sont quant à elles tributaires d'une interprétation fallacieuse de la connaissance divine (c. 13). En conséquence, Thomas prouve d'abord l'extension universelle de la connaissance divine (c. 14) et montre que Dieu connaît toutes choses en se connaissant (c. 15 et 16). La partie du traité consacrée aux opinions relatives aux anges s'achève sur une attaque anti-manichéenne : la théorie manichéenne des deux principes contredit radicalement les trois théories de base élaborées dans les chapitres précédents par l'examen critique de diverses doctrines, à savoir la thèse de l'existence de substances immatérielles, celle de la création *ex nihilo* et celle de la providence universelle. Grevée de ce défaut, la théorie manichéenne peut être aisément déconsidérée.

POSTFACE

Dame et servante, l'une au teint pâle, l'autre au visage brun : c'est ainsi que, dans la chapelle de saint Thomas à la Minerve (Rome), Filippino Lippi représente allégoriquement la *theologia* et la *philosophia*, comme on peut le voir sur la couverture du présent ouvrage.

En effet, si Thomas d'Aquin a écrit des ouvrages philosophiques, c'est surtout à l'intérieur de ses œuvres théologiques qu'il élabore sa philosophie et il est donc opportun de bien saisir la relation entre ces deux disciplines pour apprécier correctement les aspects proprement philosophiques de sa pensée.

L'image de Lippi ne rend cependant pas complètement compte de la relation que l'Aquinate reconnaît entre la théologie et la philosophie. Dans ses œuvres, en effet, Thomas traite une seule fois les sciences philosophiques de servantes, mais il précise qu'il le fait à la manière d'Aristote : c'est au début de la *Somme de théologie* (*ST* I, q. 1, a. 5 ad 2), où il écrit que la doctrine sacrée ne reçoit pas de données des autres sciences comme si celles-ci lui étaient supérieures, mais elle se sert de celles-ci comme on se sert des servantes, de la même manière que les architectes se servent de leurs aides. La théologie, cependant, ne se sert pas de la philosophie par une

nécessité intrinsèque, comme si celle-ci était requise nécessairement par son objet, mais à cause de la nature même de notre
intellect qui peut ainsi plus facilement s'approcher de ce qui
dépasse notre raison. En effet, ce que nous connaissons grâce à
l'exercice naturel de notre raison nous facilite l'accès aux
réalités suprarationnelles.

Mais, il y a au moins deux motifs pour lesquels Thomas
d'Aquin évite habituellement de désigner comme *ancillae* les
disciplines philosophiques. Le premier est que cette appella-
tion implique que l'on nomme *domina* la théologie. Or,
Thomas ne le fait jamais, car, selon sa notion de théologie (ou
sacra doctrina), celle-ci ne peut pas être vraiment *domina* :
elle est, en effet, une science subalternée à la science de Dieu
lui-même, de laquelle elle reçoit ses principes ; c'est la science
de Dieu lui-même qui, pour Thomas, est la vraie *domina*.

L'autre motif est que Thomas veut éviter l'idée que la
philosophie reçoive ses principes de la théologie et lui soit
subordonnée. Les disciplines philosophiques ont leurs propres
principes et c'est selon leur propre méthode qu'elles tirent
leurs conclusions. La théologie se sert des sciences philosophiques, entre autres, pour élaborer ses propres doctrines :
c'est pour cette raison que Thomas préfère habituellement
parler du service que la philosophie rend à la théologie, en
soulignant le rôle actif des disciplines philosophiques qui
servent (*ministrant*) la théologie. Pour Thomas, il y a une
harmonie nécessaire entre savoir philosophique et savoir
théologique, harmonie qu'il appelle subalternation des fins
(*Sent.* I, prol., a. 1), et cela grâce au fait que tout savoir tire son
origine de la science de Dieu, la vraie *domina*, bien que de
façons différentes. La philosophie élabore son savoir à partir
de l'étude des créatures, à la lumière de l'intellect naturel ;
la théologie, en revanche, reçoit de Dieu non seulement ses
principes, mais aussi la lumière surnaturelle, selon laquelle

elle étudie Dieu et sa création. Mais pour Thomas « toute discipline a pour but de manifester la vérité » (*Sent.* I, d. 34, q. 3, a. 2). Et cette vérité, pour Thomas, n'est ni philosophique ni théologique : c'est un bien que chaque discipline vise de son point de vue et dont chaque discipline utilise pour son propre développement ce qu'elle parvient à en connaître, soit par elle-même, soit en le recevant d'autres science. Et si Thomas n'hésite point à intégrer dans sa théologie les autorités tirées d'auteurs païens ou juifs ou arabes, c'est encore à cause de la vérité que ces autorités affirment.

Deux chemins, donc, qui vont l'un à la rencontre de l'autre, ou plus précisément deux sciences qui parcourent le même chemin, comme ces deux femmes, l'une à côté de l'autre : les yeux de *philosophia* se lèvent vers ceux de *theologia*, qui, regardant à son tour *philosophia*, lui indique du doigt, de l'autre coté de la fresque, Thomas d'Aquin, dont la théologie reçoit l'approbation du Christ crucifié.

Les deux femmes ont une attitude contemplative, mais pour Thomas la contemplation de la philosophie, tout en étant vraie et en ayant sa propre perfection, ne se suffit pas à elle-même, car elle ne peut pas atteindre la connaissance de ce qu'est (*quid est*) la cause première, connaissance que la philosophie postule, car l'homme y est ordonné.

Or, cette fin n'implique aucune frustration pour la philosophie, aucune dénaturalisation de celle-ci, car elle est consciente que la connaissance qui procède des réalités mondaines, les créatures, ne peut pas aller au-de-là de ces principes, même quand il s'agir de connaitre la cause première. Pour cette raison, selon Thomas, c'est la philosophie qui postule la nécessité d'une science inspirée immédiatement par Dieu, la théologie, *ratio manuducta per fidem*, qui, à partir de la Révélation, permet non seulement une certaine connaissance de Dieu tel qu'il est en lui-même, mais aussi des réalités du monde, telles que Dieu les connait (*Sent.* I, prol., a. 1).

En effet, la démarche philosophique doit nécessairement partir de principes philosophiques, procéder selon sa méthode propre et tirer des conclusions encore philosophiques. Thomas en est pleinement conscient. Les deux personnages masculins en train de discuter devant les deux femmes, évoquent précisément la dimension méthodologique de chacune de ces deux sciences : la dispute et la réfutation des erreurs. Cela évoque spontanément la conscience aiguë que Thomas possède de la distinction entre la profession du philosophe et celle du théologien.

Vers la fin de sa vie, le 2 avril 1272, frère Thomas écrit une lettre de réponse à son supérieur général, qui l'avait consulté sur certaines questions qui semblaient lui poser problème (*articuli*). Dans cette lettre (Leonina, t. 42, 327, 333, 335), Thomas reconnaît non seulement l'autonomie de la philosophie dans sa méthode, mais aussi l'autorité des philosophes, aux yeux desquels on risque de mettre en dérision la foi, si l'on ne respecte pas la spécificité des domaines.

Voici quelques passages de cette lettre. Dans le préambule il écrit : « Il est très dommageable d'affirmer ou refuser comme relevant de la doctrine sacrée ce qui ne la concerne pas. […] Il me semble plus sûr que les choses que la plupart des philosophes pensent et qui ne contredisent pas notre foi, même quand elles sont introduites sous le nom de philosophie, ne soient pas affirmées comme dogmes de foi ou rejetées comme contraire à la foi, de peur de fournir aux sages de ce monde une occasion de mépriser la doctrine chrétienne. »

Dans cette lettre, Thomas touche également au problème de l'interprétation qu'Averroès donne d'un passage d'Aristote : « Et je ne vois pas en quoi l'interprétation de paroles d'Aristote puisse concerner l'enseignement de la foi. » L'attitude de

Thomas vise à sauvegarder l'indépendance des domaines et des disciplines : l'interprétation historique du Philosophe ne concerne pas en tant que telle la réflexion théologique. Il ne s'agit certainement pas d'interdire à la foi de s'exprimer, mais il est évident que, pour Thomas, il ne peut pas y avoir confusion entre le domaine philosophique et le domaine théologique (Oliva, 2012).

D'ailleurs, la conclusion de cette lettre ne permet aucun doute. Thomas écrit : « Telles sont, mon Révérend Père, les choses que je pense en ce moment devoir répondre aux articles que vous m'avez transmis, bien que beaucoup d'entre eux soient hors des limites de la faculté de théologie, mais, conformément à vos ordres, je me suis fait un devoir de faire ce que l'exercice de ma charge ne demandait aucunement. »

Cette attitude professionnelle de Thomas d'Aquin est une invitation pour tout lecteur à rechercher avant tout la vérité, but de toute science et amie exigeante.

BIBLIOGRAPHIE

Ouvrages cités

AERTSEN (J.A.) 1996, *Medieval Philosophy and the Transcendentals. The Case of Thomas Aquinas*, Leiden-New York-Köln, Brill.

ANAWATI (G.) 1974, « Saint Thomas d'Aquin et la Métaphysique d'Avicenne », dans A.A. Maurer (ed.), *St. Thomas Aquinas 1274-1974. Commemorative Studies*, vol. 1, Toronto, Pontifical Institute of Mediaeval Studies, p. 449-465.

ASHWORTH (E.J.) 2008, *Les théories de l'analogie du XIIe au XVIe siècles*, Paris, Vrin.

BATAILLON (L.-J.) 1983, « Les conditions de travail des maîtres de l'université de Paris au XIIIe siècle », *Revue des sciences philosophiques et théologiques* 67 (1983) p. 417-432.

– 1988, « Les sermons attribués à saint Thomas : Questions d'authenticité », *Miscellanea Mediaevalia* 19 (1988), p. 325-341.

BAZÁN (B.C.) (éd.) 1985, *Les questions disputées et les questions quodlibétales dans les Facultés de Théologie, de Droit et de Médecine*, Turnhout, Brepols.

– 2000, « Thomas d'Aquin et les transcendantaux », *Revue des sciences philosophiques et théologiques* 84 (2000), p. 93-104.

BERNATH (K.) 1969, Anima forma corporis. *Eine Untersuchung über die ontologischen Grundlagen der Anthropologie des Thomas von Aquin*, Bonn, Bouvier.

BLYTHE (J.M.) 2005, *Le gouvernement idéal et la constitution mixte au Moyen Âge*, Fribourg, Paris, Le Cerf.

BOLAND (V.) 1996, *Ideas in God according to Saint Thomas Aquinas. Sources and Synthsesis*, Leiden, Brill.

BONINO 1996, voir *infra* traductions, Thomas d'Aquin, *Questions disputées sur la vérité. Question II*.

BOYLE (L.E.) 1974, « The *De regno* and the Two Powers », dans *Essays in Honour of Anton Charles Pegis*, J.R. O'Donnell (ed.), Toronto, Pontifical Institute of Mediaeval Studies, 1974, p. 237-247.

– 1982, *The Setting of the* Summa theologiae *of Saint Thomas*, Toronto, Pontifical Institute of Mediaeval Studies (The Étienne Gilson Series 5). Cette publication a été reprise dans Boyle 2000.

– 2000, *Facing History: a different Thomas Aquinas with an Introduction by J.-P. Torrell*, Louvain-la-Neuve, FIDEM.

— and BOYLE (J.F.) (eds.) 2006, Thomas Aquinas, *Lectura romana in primum Sententiarum Petri Lombardi*, Toronto, Pontifical Institute of Mediaeval Studies.

BRETON (S.) 1962, « La déduction thomiste des catégories », *Revue philosophique de Louvain* 60 (1962), p. 5-32.

BROWN (O.J.) 1981, *Natural Rectitude and Divine Law: An Approach to an Integral Interpretation of the Thomistic Doctrine of Law*, Toronto, Pontifical Institute of Mediaeval Studies.

BRUNGS (A.) 2003, *Metaphysik der Sinnlichkeit. Das System der* Passiones animae *bei Thomas von Aquin*, Halle, Hallescher Verlag.

CHARDONNENS (D.) 1997, *L'homme sous le regard de la providence. Providence de Dieu et condition humaine selon* l'Exposition littérale sur le livre de Job *de Thomas d'Aquin*, Paris, Vrin.

CHENU (M.-D.) 1950, *Introduction à l'étude de saint Thomas d'Aquin*, Paris, Vrin.

– 1957, *La Théologie comme science au XIIIe siècle*, 3e éd. Paris, Vrin.

CONTAT (A.) 1990, *La relation de vérité selon saint Thomas d'Aquin*, Cité du Vatican, Libreria Editrice Vaticana.

COTTIER (G.M.M.) 2003, « Sur un texte majeur de saint Thomas (IV contra Gentiles, c. 11) », dans J. Vijgen (ed.), Indubitanter ad veritatem, *Studies Offered to Leo J. Elders SVD in Honor of the Golden Jubilee of His Ordination to the Priesthood*, Budel, Damon, p. 80-92.

COURTINE (J.-F.) 2005, Inventio analogiae. *Métaphysique et ontothéologie*, Paris, Vrin.

DAUPHINAIS (M.) and LEVERING (M.) (eds.) 2005, *Reading John with St. Thomas Aquinas: Theological Exegesis and Speculative Theology*, Washington, CUA Press.

DAVIES (B.) (ed.) 2005, *Thomas Aquinas's* Summa Theologiae. *Critical Essays*, Lanham, Rowman and Littlefield Publishers.

– 2014, *Thomas Aquinas's* Summa Theologiae. *A Guide and Commentary*, Oxford-New York, Oxford University Press.

DELLE DONNE (F.) 1993, « La fondazione dello *Studium* di Napoli : note sulle circolari del 1224 e del 1234 », *Atti della Accademia Pontaniana*, n°s. 42 (1993), p. 179-197.

– 2009, « "Per scientiarum haustum et seminarium doctrinarum" : edizione e studio dei documenti relativi allo *Studium* di Napoli in età sveva », *Bullettino dell'Istituto storico italiano per il medioevo*, 111 (2009), p. 101-225.

DOIG (J.C.) 1972, *Aquinas on the Metaphysics. A Historico-Doctrinal Study of the Commentary on the Metaphysics*, The Hague, Nijhoff.

DONDAINE (A.) 1965, « Praefatio », dans Thomae de Aquino, *Expositio super Iob ad litteram*, ed. Leonina, t. 26, Romae.

ELDERS (L.J.) 1974, *Faith and Science. An Introduction to St. Thomas'* Expositio in Boethii De Trinitate, Rome, Herder.

– (éd.) 1980, Quinque sunt viae. *Actes du Symposium sur les cinq voies de la* Somme Théologique, Rolduc 1979, Roma, Libreria Editrice Vaticana.

– 1992, « Averroès et saint Thomas d'Aquin », *Doctor communis* 45 (1992), p. 46-56.

– 1994, *La métaphysique de saint Thomas d'Aquin dans une perspective historique*, Paris, Vrin.

– 1995, *La théologie philosophique de saint Thomas d'Aquin*, Paris, Téqui.

FETZ (R.L.) 1976, « Liebe als Ekstasis. Über den Realismus der Liebe nach Thomas von Aquin », *Freiburger Zeitschrift für Philosophie und Theologie* 25 (1976), p. 166-189.

FINNIS (J.) 1980, *Natural Law and Natural Right*, Oxford, Clarendon Press.

FORSCHNER (M.) 2006, *Thomas von Aquin*, München, Beck.

GARCÍA CUADRADO (J.Á.) 2006, « Existence et vérité : nom et verbe dans *l'Expositio libri Peri hermeneias* de Thomas d'Aquin », *Revue Thomiste* 106 (2006), p. 355-392.

GARCÍA JARAMILLO (M.A.) 1997, *La* cogitativa *en Tomás de Aquino y sus fuentes*, Pamplona, EUNSA.

GAUTHIER (R.-A.) 1951, *Magnanimité. L'idéal de la grandeur dans la philosophie païenne et dans la théologie chrétienne*, Paris, Vrin.

– 1993, *La Somme contre les gentils. Introduction*, Paris, Éditions universitaires.

– 1996, « Préface », dans Thomae de Aquino, *Quaestiones de quolibet*, ed. Leonina, t. 25, 1-2, Romae-Paris.

GEIGER (L.-B.) 1952, *Le problème de l'amour chez Saint Thomas d'Aquin*, Montréal-Paris, Vrin.

– 2000, *Penser avec Thomas d'Aquin. Études thomistes de Louis-Bertrand Geiger O.P.*, présentation R. Imbach, Fribourg-Paris, Le Cerf.

GILSON (É.) 1965, *Le thomisme. Introduction à la philosophie de saint Thomas d'Aquin*, 6e éd. revue, Paris, Vrin.

– 1962, *L'être et l'essence*, 2e éd. revue et augmentée, Paris, Vrin.

HABERMAN (J.) 1979, *Maimonides and Aquinas, A Contemporary Appraisal*, New York, KTAV.

HALL (D.C.) 1992, *The Analysis of St. Thomas Aquinas' « Expositio » of the « The Trinitate » of Boethius*, Leiden, Brill.

HASSELHOFF (G.K.) 2004, Dicit Rabbi Moyses. *Studien zum Bild von Moses Maimonides im lateinischen Westen vom 13. bis zum 15. Jahrhundert*, Würzburg, Königshausen & Neumann.

HUMBRECHT (Th.-D.) 2006, *Théologie négative et noms divins chez saint Thomas d'Aquin*, Paris, Vrin.

ILIEN (A.) 1975, *Wesen und Funktion der Liebe bei Thomas von Aquin*, Freiburg, Herder.

IMBACH (R.) 2004, « Thomas von Aquino, Das Gesetz », dans *Klassiker der Philosophie heute*, A. Beckermann und D. Perler (eds.), Stuttgart, Reclam.

– 2005, « Introduction », dans Thomas d'Aquin-Boèce de Dacie, *Sur le bonheur*, voir *infra* « Traductions ».

JECK (U.R.) 1994, *Aristoteles contra Augustinum, zur Frage nach dem Verhältnis von Zeit und Seele bei den antiken Aristoteles-*

kommentatoren, im arabischen Aristotelismus und im 13. Jahrhundert, Amsterdam, Grüner.

JORDAN (M.D.) 1980, « The Grammar of *esse* : Re-Reading Thomas on the Transcendentals », *The Thomist* 44 (1980), p. 1-26.

– 1986a, *Ordering Wisdom, The Hierarchy of Philosophical Discourses in Aquinas*, Notre Dame (In.), University of Notre Dame Press.

– 1986b, « Aquinas's Construction of a Moral Account of the Passions », *Freiburger Zeitschrift für Philosophie und Theologie* 33 (1986), p. 71-97.

KLUBERTANZ (G.P.) 1952, *The Discursive Power, Sources and Doctrine of the* vis cogitativa *According to St. Thomas Aquinas*, Saint Louis, Modern Schoolman.

KRETZMANN (N.) and STUMP (E.) (eds.) 1993, *The Cambridge Companion to Aquinas*, Cambridge-New York, University Press.

KRETZMANN (N.) 1997, *The Metaphysics of Theism : Aquinas's Natural Theology in* Summa contra Gentiles I, Oxford-New York, Clarendon Press.

– 1999, *The Metaphysics of Creation : Aquinas's Natural Theology in* Summa contra Gentiles II, Oxford-New York, Clarendon Press.

KÜHN (W.) 1982, *Das Prinzipienproblem in der Philosophie des Thomas von Aquin*, Amsterdam, Grüner.

KÜNZLE (P.) 1956, *Das Verhältnis der Seele zu ihren Potenzen, problemgeschichtliche Untersuchungen von Augustin bis und mit Thomas von Aquin*, Freiburg, Universitätsverlag.

LE BRUN (J.) 2002, *Le pur amour de Platon à Lacan*, Paris, Seuil.

LESCOE (F.J.) 1974, « *De substantiis separatis* : Title and Date », dans A.A. Maurer (ed.), *St. Thomas Aquinas 1274-1974. Commemorative Studies*, vol. 1, Toronto, Pontifical Institute of Mediaeval Studies, p. 51-66.

LIBERA (A. de) 1994, « Introduction », dans Thomas d'Aquin, *L'unité de l'intellect contre les averroïstes*, voir *infra* « Traductions ».

– 2004, *Commentaire du De unitate intellectus contra averroistas de Thomas d'Aquin*, Paris, Vrin.

– 2008, *Archéologie du sujet I. Naissance du sujet*, Paris, Vrin.

LISSKA (A.J.) 1996, *Aquinas's Theory of Natural Law. An Analytic Reconstruction*, Oxford, Clarendon Press.

LONFAT (J.) 2004, « Archéologie de la notion d'analogie d'Aristote à saint Thomas d'Aquin », *Archives d'histoire doctrinale et littéraire du Moyen Âge* 71 (2004), p. 35-107.

LOTTIN (O.) 1942-1960, *Psychologie et Morale aux XIIe et XIIIe siècles*, 6 vol., Louvain-Gembloux, Duculot.

MACDONALD (S.P.) 1984, « The *esse/essentia* Argument in Aquinas's *De ente et essentia* », *Journal of the History of Philosophy* 22 (1984), p. 157-172.

MAURO (L.) 1974, *Umanità della passione in Tommaso d'Aquino*, Florence, Le Monnier.

– 2005, « *Quid homines senserint*. Il dialogo di Tommaso d'Aquino con i pensatori del passato », dans L. Alici, R. Piccolomini, A. Pieretti (eds.), *La filosofia come dialogo a confronto con Agostino*, Roma, Città nuova, p. 293-307.

MCEVOY (J.) 1993, « Amitié, attirance et amour chez S. Thomas d'Aquin », *Revue philosophique de Louvain* 91 (1993), p. 383-408.

MAYER (R.J.) 2002, *De veritate : Quid est ? Vom Wesen der Wahrheit. Ein Gespräch mit Thomas von Aquin*, Freiburg (Suisse), Academic Press.

MICHON (C.) 1996, voir *infra* « Traductions », *L'être et l'Essence*.

– 1999, « Introduction », dans Thomas d'Aquin, *Somme contre les gentils*, voir *infra* « Traductions ».

MONTAGNES (B.) 1963, *La doctrine de l'analogie de l'être d'après saint Thomas d'Aquin*, Paris-Louvain, Publications Universitaires.

MULCHAHEY (M.M.) 1998, *« First the Bow is Bent in Study »*. *Dominican Education Before 1350*, Toronto, Pontifical Institute of Mediaeval Studies.

MURA (G.) 1987, « Ermeneutica, gnoseologia e metafisica. Attualità del commento di S. Tommaso al *Perihermeneias* di Aristotele », *Euntes Docete* 40 (1987), p. 361-389.

OEING-HANHOFF (L.) 1963, Ens et unum convertuntur. *Stellung und Gehalt des Grundsatzes in der Philosophie und Theologie des hl. Thomas von Aquin*, Münster, Aschendorff.

O'ROURKE (F.) 2005, *Pseudo-Dionysius and the Metaphysics of Aquinas*, Notre Dame, Notre Dame University Press.

OLIVA (A.) 2006, *Les débuts de l'enseignement de Thomas d'Aquin et sa conception de la* Sacra Doctrina. *Édition du prologue de son Commentaire des* Sentences *de Pierre Lombard*, Paris, Vrin.

– 2007a, « Quelques éléments de la *doctrina theologie* selon Thomas d'Aquin », dans *What is « Theology » in the Midle Ages? Religious Cultures of Europe (11th-15th Centuries) as reflected in their Self-Understanding*, M. Olszewski (ed.), Münster, Aschendorff (Archa Verbi. Subsidia I), p. 167-193.

– 2007b, « Frère Thomas d'Aquin, universitaire », dans *Université, Église, Culture. L'Université Catholique au Moyen Âge*, G.-R. Thivierge *et alii* (éds.), Paris, Centre de coordination de la recherche de la F.I.U.C., p. 233-268.

– 2009a, « L'enseignement des *Sentences* dans les *Studia* dominicains italiens au XIIIe siècle : l'*Alia lectura* de Thomas d'Aquin et le *Scriptum* de Bombolognus de Bologne », dans *Philosophy and Theology in the* Studia *of Religious Orders and at the Papal Court*, Acts of the XVth Colloquium of the Société Internationale pour l'Étude de la Philosophie médiévale, K. Emery Jr. and W.J. Courtenay (eds.), Tournhout, , Brepols, 2012, p. 49-73.

– 2009b, « La *Somme de théologie* de Thomas d'Aquin. Introduction historique et littéraire », *Chora* 7-8 (2009-2010), p. 217-253.

– 2012, « La contemplation des philosophes selon Thomas d'Aquin », *Rev. sc. ph. th.* 96 (2012), p. 585-662.

OWENS (J.) 1974, « Aquinas as Aristotelian Commentator », dans A.A. Maurer (ed.), *St. Thomas Aquinas 1274-1974. Commemorative Studies*, vol. 1, Toronto, Pontifical Institute of Mediaeval Studies, p. 213-238.

– 1981, « Stages and Distinction in "De ente et essentia" : A Rejoinder », *The Thomist* 45 (1981), p. 99-123.

– 1986, « Aquinas'Distinction at *De ente et essentia* 4 : 119-123 », *Mediaeval Studies* 48 (1986), p. 264-287.

PARK (S.-C.) 1999, *Die Rezeption der mittelalterlichen Sprachphilosophie in der Theologie des Thomas von Aquin mit besonderer Berücksichtigung der Analogie*, Leiden, Brill.

RAMÍREZ (S.M.) 1972, *De hominis beatitudine in I-II* Summae Theologiae *Divi Thomae commentaria (qq. I-V)*, 5 vol., Madrid (Obras completas de Santiago Ramírez 3).

PESCH (O.H.) 1962, «Philosophie und Theologie der Freiheit bei Thomas von Aquin in quaest. disp. 6 De malo. Ein Diskussionsbeitrag», *Münchner Theologische Zeitschrift* 13 (1962), p. 1-25.

PORRO (P.) 2002, Tommaso d'Aquino, *L'ente e l'essenza*, Testo latino a fronte, introduzione, traduzione, note e apparati di P. Porro, Milano, Bompiani.

– 2004, «Tommaso d'Aquino, Avicenna, e la struttura della metafisica», dans S.L. Brock (ed.), *Tommaso d'Aquino e l'oggetto della metafisica*, Roma, Armando, p. 65-87.

– 2007, Tommaso d'Aquino, *Commenti a Boezio, Super Boetium* De Trinitate, *Expositio libri Boetii* De ebdomadibus, introduzione, traduzione, note e apparati di P. Porro, 2e éd. Milano, Bompiani.

– 2012, *Tommaso d'Aquino, un profilo storico filosofico*, Roma, Carocci.

PORTER (J.) 2005, *Nature as reason : a thomistic theory of the natural law*, Grand Rapids Mich., Eerdmans.

PUTALLAZ (F.-X.) 1991, *Le sens de la réflexion chez Thomas d'Aquin*, préface R. Imbach, Paris, Vrin.

– 1998, *Le dernier voyage de Thomas d'Aquin*, Paris, Salvator.

RICKEN (F.) 1998, «Aristotelische Interpretationen zum Traktat *De passionibus animae* (*Summa theologiae* I-II 22-48) des Thomas von Aquin», dans M. Thurner (ed.), *Die Einheit der Person. Beiträge zur Anthropologie des Mittelalters*, Richard Heinzmann zum 65. Geburtstag, Stuttgart, Kohlhammer, p. 125-140.

ROLING (B.) 2008, Locutio angelica. *Die Diskussion der Engelsprache als Antizipation einer Sprechakttheorie in Mittelalter und Früher Neuzeit*, Leiden-Boston, Brill.

ROSEMANN (Ph.W.) 1996, Omne ens est aliquid. *Introduction à la lecture du « système » philosophique de saint Thomas d'Aquin*, Louvain-Paris, Peeters.

ROSIER CATACH (I.) 2009, «Sur le verbe substantif, la prédication et la consignification. *Peri hermeneias* 16b20-25 dans les traductions et commentaires en latin», dans S. Husson (éd.), *Interpréter le « De Interpretatione »*, Paris, Vrin (sous presse).

SCHÖNBERGER (R.) 2001, *Thomas von Aquins* Summa contra gentiles, Darmstadt, Wissenschaftliche Buchgesellschaft.

SCHULZ (G.) 1993, Veritas est adaequatio intellectus et rei. *Untersuchungen zur Wahrheitslehre des Thomas von Aquin und zur Kritik Kants an einem überlieferten Wahrheitsbegriff*, Leiden-New York-Köln, Brill.

SPEER (A.) (ed.) 2005, *Thomas von Aquin : Die* Summa theologiae. *Werkinterpretationen*, Berlin-New York, De Gruyter.

STUMP (E.S.) 1993, « Biblical Commentary and Philosophy », dans N. Kretzmann and E. Stump (eds.), *The Cambridge Companion to Aquinas*, Cambridge-New York, Cambridge UP, p. 252-268.

– 1996, « Aquinas on the Sufferings of Job », dans D. Howard-Snyder (ed.), *The Evidential Argument from Evil*, Bloomington-Indianapolis, Indiana UP, p. 49-68.

SYNAVE (P.) 1930, « La révélation des vérités naturelles d'après saint Thomas d'Aquin », dans *Mélanges Mandonnet*, vol. 1, Paris, Vrin, p. 327-370.

TORRELL (J.-P.) 2007, « Introduction », dans Thomas d'Aquin, *Abrégé de théologie*, voir *infra* « Traductions ».

– 2008, *Nouvelles Recherches thomasiennes*, Paris, Vrin.

– 2015, *Initiation à saint Thomas d'Aquin, sa personne et son œuvre*, nouvelle édition profondément remaniée et enrichie d'une bibliographie mise à jour, Paris, Le Cerf.

TUNINETTI (L.F.) 1996, Per se notum. *Die logische Beschaffenheit des Selbstverständlichen im Denken des Thomas von Aquin*, Leiden, Brill.

TUGWELL (S.) 1988, « The Life and Works of Thomas Aquinas », dans *Albert & Thomas : selected writings*, New York, Paulist Press.

VAN STEENBERGHEN (F.) 1980, *Le problème de l'existence de Dieu dans les écrits de s. Thomas d'Aquin*, Louvain-la Neuve, Éditions de l'Institut Supérieur de philosophie.

VANSTEENKISTE (C.J.) 1953, « Avicenna-Citaten bij S. Thomas », *Tijdschrift voor filosofie* 15 (1953), p. 457-507.

– 1957, « San Tommaso d'Aquino ed Averroè », *Rivista degli Studi Orientali* 32 (1957), p. 585-623.

VENTIMIGLIA (G.) 1995, « Il trattato tomista sulle proprieta trascendentali dell'essere », *Rivista di Filosofia Neo-Scolastica* 87 (1995), p. 51-82.

– 1997, *Differenza e contraddizione. Il problema dell'essere in Tommaso d'Aquino*, esse, diversum, contradictio, prefazione di A. Bausola, Milano, Vita e pensiero.

– 2014, *Tommaso d'Aquino*, Milano, La Scuola.

VERGER (J.) 2007, «Le conflit entre séculiers et mendiants à l'Université de Paris dans les années 1250: une affaire de pouvoir?», dans *Université, Église, Culture. L'Université Catholique au Moyen-Âge*, G.-R. Thivierge *et alii* (éds.), Paris, Centre de coordination de la recherche de F.I.U.C., p. 125-140.

WAGNER (M.) 1989, *Die philosophischen Implikate der* Quarta via. *Eine Untersuchung zum vierten Gottesbeweis bei Thomas von Aquin (S. th. I 2,3c)*, Leiden, Brill.

WÉBER (É.-H.) 1991, *La personne humaine au XIIIᵉ siècle*, Paris, Vrin (Bibliothèque Thomiste 46).

WEIDEMANN (H.) 1975, *Metaphysik und Sprache. Eine sprach-philosophische Untersuchung zu Thomas von Aquin und Aristoteles*, Freiburg-München, Alber.

WEISHEIPL (J.A.) 1965, «The Principle "omne quod movetur, ab alio movetur"», *Isis* 56 (1965), p. 26-45.

WEISS (R. de) 1977, Amor sui. *Sens et fonction de l'amour de soi dans l'ontologie de Thomas d'Aquin*, Genève (chez l'auteur).

WIPPEL (J.F.) 1984, *Metaphysical Themes in Thomas Aquinas*, Washington, CUA Press.

– 1987, «Thomas Aquinas's Derivation of the Aristotelian Categories», *Journal of the History of Philosophy* 25 (1987), p. 13-34.

– 1990, «The Latin Avicenna as a Source of Thomas Aquinas's Metaphysics», *Freiburger Zeitschrift für Philosophie und Theologie* 37 (1990), p. 51-90.

– 1993, *Thomas Aquinas on the Divine Ideas*, Toronto, Pontifical Institute of Mediaeval Studies of Mediaeval Studies.

– 2000, *The Metaphysical Thought of Thomas Aquinas. From Finite Being to Uncreated Being*, Washington D.C., CUA Press.

WOHLMAN (A.) 1981, «Amour du bien propre et amour de soi dans la doctrine thomiste de l'amour», *Revue Thomiste* 81 (1981), p. 204-234.

– 1988, *Thomas d'Aquin et Maïmonide. Un dialogue exemplaire*, Paris, Le Cerf.

ZIMMERMANN (A.) 1971, « «Ipsum enim (est) nihil est» (Aristoteles, Peri hermeneias I, c. 3) : Thomas von Aquin über die Bedeutung der Kopula », *Miscellanea mediaevalia* 8 (1971), p. 282-295.

– 1998, *Ontologie oder Metaphysik? Die Diskussion über den Gegenstand der Metaphysik im 13. und 14. Jahrhundert*, 2ᵉ éd. Leuven, Peeters.

Traductions françaises des œuvres de Thomas d'Aquin

Les œuvres majeures (décrites dans la partie III)

– De ente et essentia

L'Être et l'Esssence. Le vocabulaire médiéval de l'ontologie. Deux traités De ente et essentia *de Thomas d'Aquin et Dietrich de Freiberg*, présentation et traduction A. de Libera et C. Michon, Paris, Seuil, 1996.

– De veritate

Première question disputée. La vérité (De Veritate), texte latin de l'édition Léonine, introduction, traduction et notes Ch. Brouwer et M. Peeters, Paris, Vrin, 2002.

Questions disputées sur la vérité. Question II, De la vérité ou la science en Dieu, traduction et commentaire S.-Th. Bonino, préface R. Imbach, Fribourg-Paris, Le Cerf, 1996.

Questions disputées sur la vérité. Question IV, Le verbe, texte latin de l'édition Léonine, introduction, traduction et notes B. Jollès, Paris, Vrin, 1992.

Questions disputées sur la vérité. Question X, L'esprit, texte latin, introduction, traduction, notes et postface K.S. Ong-Van-Cung, Paris, Vrin, 1998.

Questions disputées sur la vérité. Question XI, Le maître, texte latin de l'édition Léonine, introduction, traduction et notes B. Jollès, Paris, Vrin, 1983.

Questions disputées sur la vérité. Question XV, Raison supérieure et raison inférieure, Question XVI, De la syndérèse, Question XVII, De la conscience, texte latin, introduction, traduction et notes par R.P. J. Tonneau, Paris, Vrin, 1991.

Questions disputées sur la vérité. Questions V-VI, La providence, la prédestination, introduction et commentaire par J.-P. Torrell, traductions par J.-P. Torrell et D. Chadonnens, Paris, Vrin, 2011.

Questions disputées. « De veritate », bi-lingue, traduction de Fr. A. Aniorté, introduction du P. Abelardo Lobato, Barroux, Sainte-Madelaine, 2011. (traduction complète)

Question disputée sur la vérité. Question XXIX, La grâce du Christ (De gratia Christi), introduction, traduction et notes par M.-H. Deloffre, Paris, Vrin, 2015.

Le maître. Question XI, introduction de R. Imbach, traduction de B. Jollès, Paris, Vrin, 2016.

– Super Boetium De Trinitate

Division et méthodes de la science spéculative : physique, mathématique et métaphysique, Expositio super librum Boethii de Trinitate q. V-VI, introduction, traduction et notes B. Souchard, Paris, L'Harmattan, 2002.

– Summa contra gentiles

Somme contre les gentils. Livre sur la vérité de la foi catholique contre les erreurs des infidèles, traduction inédite V. Aubin, C. Michon et D. Moreau : Livre I. *Dieu,* traduction, présentation et notes C. Michon ; Livre II. *La création,* traduction, présentation et notes C. Michon ; Livre III. *La Providence,* traduction, présentation et notes V. Aubin ; Livre IV. *La Révélation,* traduction, présentation et notes D. Moreau, Paris, Flammarion, 1999. – Nous suivons cette traduction.

– Expositio super Iob

Job, un homme pour notre temps. De saint Thomas d'Aquin, exposition littérale sur le Livre de Job, traduction J. Kreit, Paris, Téqui, 1982.

– Summa theologiae

Somme théologique, A. Raulin (dir.), traduction A.-M. Roguet, 4 vol., Paris, Le Cerf, 1984.

– De regimine principum

Du royaume, De regno, présentation et traduction M.-M. Cottier, Fribourg-Paris, Egloff, 1947.

Petite somme politique. Anthologie de textes politiques, présentation et traduction D. Sureau, Paris, Téqui, 1997 (contient le *De regno*).

– Quaestiones disputatae De malo

Questions disputées sur le Mal (De malo), texte latin de la Commision Léonine, traduction par les moines de Fontgombault, introduction R.P. L. Elders, 2 vol., Paris, Nouvelles Éditions Latines, 1992.

– Quaestiones disputatae De potentia

Questions disputées sur la puissance. Questions I-III, traduction et notes de R. Berton, introduction du frère Emmanuel Perrie, Paris, IPC, 2011.

– Quaestiones disputatae De spiritualibus creaturis

Les créatures spirituelles, introduction, traduction et notes de J.-B. Brenet, Paris, Vrin, 2010.

– De unitate intellectus

L'unité de l'intellect contre les Averroïstes suivi des *Textes contre Averroès antérieurs à 1270*, texte latin, traduction, introduction, bibliographie, chronologie, notes et index A. de Libera, Paris, Flammarion, 1994.

– Expositio libri Peryermeneias

Commentaire du Traité de l'Interprétation *d'Aristote*, traduction, introduction et notes B. et M. Couillaud, Paris, Les Belles Lettres, 2004.

Autres traductions

– Commentaires philosophiques

Commentaire de la Physique, traduction G.-F. Delaporte, 2 vol., Paris, L'Harmattan, 2008.

Commentaire du Traité de l'âme *d'Aristote*, introduction, traduction et notes J.-M. Vernier, Paris, Vrin, 1999.

Commentaire du Livre des causes, introduction, traduction et commentaire B. et J. Decossas, Paris, Vrin, 2006.

Proèmes philosophiques, présentation et traduction J.-B. Échivard, Paris, Paroles et Silence, 2008.

J.-B. ÉCHIVARD, *Une introduction à la philosophie. Les proèmes des lectures de saint Thomas d'Aquin aux œuvres principales d'Aristote*, 5 vol., Paris, de Guibert, 2004-2008.

Métaphysique d'Aristote. Commentaire de Thomas d'Aquin, traduction de G.-Fr. Felaporte, 2 vol., Paris, L'Harmattan, 2012.

– Commentaires bibliques

Commentaire sur les Psaumes, introduction, traduction, notes et tables J.-É. Stroobant de Saint-Éloi O.S.B., préface M.D. Jordan, Paris, Le Cerf, 1996.

Commentaire sur l'évangile de Jean, traduction et notes M.-D. Philippe (dir.), 2 vol., Paris, Le Cerf, 1998-2006.

Commentaire de l'Épître aux Romains suivi de la Lettre à Bernard Ayglier, abbé du Mont-Cassin, traduction et tables J.-É. Stroobant de Saint-Éloi, O.S.B., notes J. Borella et J.-É. Stroobant de Saint-Éloi O.S.B., avant-propos G. Berceville O.P., Paris, Le Cerf, 1999.

Commentaire de la Première épître aux Corinthiens, complété par la *Postille sur la première épître aux Corinthiens (chap. 7, 10b-10,33) de Pierre de Tarentaise*, introduction G. Dahan, traduction et tables J.-É. Stroobant de Saint-Eloy O.S.B., notes J. Borella et J.-É. Stroobant, Paris, Le Cerf, 2002.

Commentaire de la deuxième épître aux Corinthiens, introduction G. Dahan, traduction J.-É. Stroobant de Saint-Eloy O.S.B., notes J. Borella et J.-É. Stroobant de Saint-Eloy O.S.B, Paris, Le Cerf, 2005.

Commentaire de l'épître aux Galates, préface J.-P. Torrell O.P., introduction G. Dahan, traduction et tables J.-É. Stroobant de Saint-Eloy O.S.B., notes J. Borella et J.-É. Stroobant de Saint-Eloy O.S.B., Paris, Le Cerf, 2008.

Commentaire de l'Epître aux Philippiens suivi du Commentaire de l'Epître aux Colossiens, introduction de G. Dahan et W. Senner, traduction et tables par J.-E. Stroobantdde Saint-Eloy, annotation par J. Borella et J.-E. Stroobant de Saint-Eloy, Paris, Cerf, 2015.

– Questions disputées

Questions disputées L'union du verbe incarné (De unione Verbi incarnati), texte latin de l'édition Marietti, introduction, traduction et notes M.-H. Deloffre, Paris, Vrin, 2000.

Questions disputées : De l'âme, introduction, traduction et notes J.-M. Vernier, Paris, L'Harmattan, 2001.

Cinq questions disputées sur les vertus, De virtutibus, 2 vol., D. Pillet (dir.), Paris, Éditions du Sandre, 2008.

– Traités

Les principes de la réalité naturelle, traduction J. Madiran, Paris, Nouvelles Éditions Latines, 1994.

Traités. Les raisons de la foi. Les articles de la foi et les sacrements de l'Église, introduction, traduction du latin et notes G. Emery, Paris, Le Cerf, 1999.

C. MICHON, *Thomas d'Aquin et la controverse sur l'éternité du monde*, Paris, Flammarion, 2004 (contient la traduction du traité *De aeternitate mundi*).

Abrégé de théologie (Compendium theologiae) *ou bref résumé de théologie pour le frère Raynald*, texte latin, introduction, traduction et notes J.-P. Torrell, Paris, Le Cerf, 2007.

– Sermons

Thomas d'Aquin, *Sermons*, traductions françaises d'après le texte latin de l'édition Léonine, introduction et commentaire de J.-P. Torrell, Paris, Cerf, 2014.

Thomas d'Aquin, *Sermons sur les dix commandements*, traductions françaises d'après l'édition critiques de J.-P. Torrell, Paris, Cerf, 2015.

– Choix de textes

Textes sur la morale, traduction et commentaire É. Gilson, 2e éd. Paris, Vrin, 1998.

Les lois, traduction et présentation J. Kaelin, Paris, Téqui, 1998.

L'homme chrétien, textes choisis, traduction et présentation A.-I. Mennessier, préface et postface J.-P. Torrell, Paris, Le Cerf, 1998.

THOMAS D'AQUIN – BOÈCE DE DACIE, *Sur le bonheur*, introduction et traduction R. Imbach et I. Fouche, Paris, Vrin, 2005.

GARDEIL (H.-D.), *Initiation à la philosophie de saint Thomas d'Aquin*, préface F.-X. Putallaz, 2 vol., Paris, Le Cerf, 2007 (1re éd. 1952, contient beaucoup de textes traduits).

Sites internet

Le *Corpus thomisticum* (www.corpusthomisticum.org) est un site internet qui comporte l'édition intégrale des œuvres de Thomas (en latin), une bibliographie courante depuis 2001 et le célèbre *Index thomisticus*. L'équipe qui travaille sous la direction d'E. Alarcón publie également depuis 2007 un annuaire bibliographique, *Thomistica, A International Yearbook of Thomistic Bibliography*, Bonn, Nova et Vetera.

INDEX DES NOTIONS

Abstraction 45-46, 99, 125, 149

Accident 35, 69, 93, 96, 106, 119, 124

Acedia 128, 133

Acte et puissance 35-36, 76, 96, 112

Acte pur 46, 77, 80-81, 96, 11, 118, 123

Acte, actes 36, 38, 45, 49-50, 56, 61-62, 72, 81-82, 88-91, 96, 99-100, 106, 111, 119, 123, 125-126, 133-135, 137, 140-141, 145-146

Action humaine 37-38, 126, 135

Affirmation/négation 106, 145

Aliquid 49, 62, 69, 72, 76, 97, 132

Amabilité, affabilité 58, 128

Âme 35, 37, 43-51, 54-56, 72, 79, 93-94, 97, 99, 100, 107, 112-113, 118, 124-127, 131, 137, 140-141

Amour 52-54, 58, 64, 66, 126

Amour de soi 53-54

Analogie 83-84, 98

Animal politique 63, 67, 129, 144

Animal rationale 47

Appétit, puissance appétitive 44, 51-52, 62, 102, 125

Arts mécaniques 32

Audace 52, 126

Béatitude, bonheur 54, 60-61, 113, 126, 131

Bien 38, 43, 52-54, 56-57, 61-62, 64-67, 97, 101, 103, 132-134, 153

Catégories 69, 71, 93, 103, 137

Cause 35-36, 39-40, 60,70, 74-75, 77-78, 80-82, 84, 87, 89, 95, 97-98, 102, 104-106, 108, 118-119, 147, 150, 153

Cause première 35, 40, 60, 75, 77, 80, 84, 95, 104, 119, 122, 153

Certitude 33, 39, 87, 133

Changement (*motus*) 34-37, 76, 81, 100, 136-137, 149

Cogitative 45

Colère 52, 126

Commentaire 10, 17-22, 25-28, 33, 35, 39, 63, 77-79, 85, 103-

104, 115-117, 121, 134-140, 142-147

Concupiscible-irascible 52, 102, 126

Connaissance de soi 48-50, 82, 98-99, 111

Connaissance du singulier 48-49, 98-99

Connaissance humaine 40, 42-50, 60, 72-73, 78, 81-82, 84-85, 97, 99, 101, 105, 107, 119, 125, 135, 145

Connaissance sensible 44-45, 47-48, 105, 107

Copule 69-70, 94, 145-146

Corps 44-45, 49-51, 105, 112-113, 124-125, 131, 139-141

Création 59, 112, 117-118, 123-125, 150, 153

Curiosité 129

Décalogue 59, 114

Dieu 19, 24, 40, 45-46, 53-54, 57, 60-61, 73-75, 77-93, 95, 97-100, 102-105, 109-114, 116-120, 122-123, 125, 131, 139, 142, 147, 149-150, 152-154

Discursivité 47-48, 99, 124

Dispute 18, 25-26, 28, 96, 116-117, 154

Émanation 49-50, 122, 150

Espèces intelligibles 45

Espoir 52, 126

Essence 77, 78, 79, 81-82, 94-96, 104, 11, 123-124, 150

Étant 40, 44, 46-48, 68-69, 71-73, 76, 77, 78, 80, 93-98, 101, 106, 111-112, 118-123, 132, 135, 144, 153

Étant commun 39

Étant en tant qu'étant 39, 41, 71

Éternité 81, 123, 138

Éternité du monde 26, 118

Éthique 32, 35, 39, 40, 54, 141

Être et essence (distinction) 94-96, 112, 119

Expérience 40, 46, 75, 79, 101, 107, 130, 141

Fin 8, 10, 17, 24, 36, 38, 52, 54, 56, 60-61, 75, 77-79, 86, 98, 101, 110, 113-114, 120, 122, 125, 126, 128, 131-133, 152-153

Foi 17, 19, 22, 25, 54, 61, 65, 74, 85, 87-91, 100, 102, 104-105, 108, 109, 110, 111, 114, 121, 124, 127-128, 133, 138-140, 142, 154, 155

Force (courage) 56-57

Haine 52, 126

Habitus 54-56, 70, 101, 127

Histoire de la philosophie 40-42

Homme 8, 19, 24-25, 37-38, 41-47, 49-51, 53-68, 70, 72-73, 75, 79, 84, 86-91, 94, 100-102, 104, 109-110, 113-114, 122-126, 128-131, 141, 144, 147, 153

Hylémorphisme 51, 95, 149

Idées 40, 82, 98, 125, 149

Idées divines 82, 98

Individuation 94, 106

Infidèles 90, 108

Intellect 31-32, 42, 45-51, 60-63, 67-68, 78-79, 88, 94, 97-101, 106, 109, 113, 120, 124-126,

134-135, 139-142, 144-146, 150, 152
Intellect agent 45, 46-47, 79, 104, 113, 125
Intellect possible 46-47, 113, 125, 139-141
Ipsum esse/esse per se subsistens 78-81, 95, 123

Justice 55, 57-59, 102, 116, 123, 128, 133

Langage 22, 64, 73, 99, 130, 144
Législation 65-67
Liberté 29, 39, 61-62, 102, 116, 132, 134-135, 146-147
Libre arbitre 61, 102, 132
Logique 16, 32-33, 40, 106-107, 143
Loi 64-68, 114, 127
Loi naturelle 65, 67-68
Luxure 57, 133

Magnanimité 57, 128
Mal 26, 52, 54, 56, 64, 67, 132
Mathématiques 32, 34, 40, 107
Matière 33-36, 39, 41-42, 48, 50, 70, 93-94, 96, 106-107, 117, 121, 127, 135, 149
Matière première 35, 41
Métaphysique 16, 34-35, 39-40, 68-85, 103, 107
Méthode 22, 41, 71, 76, 107, 117, 136, 149, 152, 154
Moteur immobile 36, 76, 111, 136-137
Mouvement 24, 34-36, 47, 52-53, 75, 79, 83, 101, 106, 118, 122, 136-138, 149

Mouvement local 34, 36, 136-138

Nature 9, 31-37, 43, 45, 49-50, 54, 58, 60-64, 67, 71, 75, 87, 92, 94-95, 105-106, 120, 124, 129, 133, 136, 144, 148-149, 152
Négation 72, 80-81, 90, 106, 108, 118, 120-121, 123, 140, 145, 148, 150
Noms divins 82-84, 119-120

Ontologie 68-73
Ordre 31-34, 41, 50, 55, 75, 78, 83, 91, 102, 106, 110, 113-114, 122, 131, 147, 149-150
Orgueil 57, 133

Participation 78, 80, 103
Passions de l'âme 51-55, 102, 126
Peine de mort 58
Personne 28, 58, 90, 120
Peur 52, 57, 102, 126, 128
Phantasmata 45, 105, 125
Philosophie 31-42 *passim*
Plaisir 52, 126
Politique 32, 63
Prédicat 33, 48, 69, 70-71, 73, 83, 98, 119, 146
Premiers principes 48, 56, 61, 100-101
Preuves de l'existence de Dieu 73-80, 95, 122
Principe de causalité 76, 149
Premier principe de la raison pratique 56, 67
Principe de la réception 43
Principe de non-contradiction 48

Privation 35, 132, 136
Propriété privée 59, 128
Providence 20, 89-90, 98, 114, 116, 123, 146-148 150
Prudence 54-56, 60, 127-128
Puissance (*potentia*) 35-36, 44, 46-47, 51-52, 62, 66, 76, 96, 102, 104, 107, 112, 117-120, 123-126, 131, 134-135, 137, 141, 149

Qualité 36, 70, 119, 137
Quantité 36, 70, 119, 137
Quidité 94

Raison (*ratio*) 9, 19, 32-33, 37-38, 45, 47, 54-57, 59, 62, 64-65, 67, 71, 73, 77, 86-88, 10-101, 109, 112, 114, 116, 122, 127, 128, 139, 152
Relation 31-32, 53, 58, 62, 64, 70-73, 80, 85, 97, 93, 97, 101, 102, 118-120, 143-144, 151
Res 71, 143

Sacra doctrina 9, 23, 24, 86, 121, 152
Sagesse 19, 55, 83, 87, 98, 109-111
Science 16, 31-32, 37, 40, 43, 55, 63, 73-74, 85-87, 89, 7-98, 101, 105-107, 151-155
Sens (les cinq sens) 41, 44-45, 73, 78, 124
Sens internes 44-45
Substance 35-36, 69-70. 73, 82, 93-94, 96, 113, 119-120, 124, 139, 140

Substances séparées 42, 95, 112-114, 124, 147-150
Suicide 58-59
Supposition impossible 53

Tempérance 55-57, 128-129
Temps 37, 70, 137
Théologie 9, 16, 18, 20-23, 25-28, 39, 41, 52, 61, 66, 73-75, 77, 79, 81-82, 85-87, 103, 105, 107, 110, 121-123, 127, 129, 147, 151, 155-157
Tristesse 52, 102, 126
Transcendantaux 71-73, 97, 101, 121, 123, 149

Un 72, 97, 101, 106, 120-121, 123
Universel 48, 107, 146, 149
Univoque 98, 119, 149
Usure 58-59, 128, 133

Vertus 26, 54-55, 57-58, 63, 66, 89, 100, 127-128, 134
Vertus théologales 25, 54, 127-128
Vertus cardinales 55, 127
Volonté 33, 38, 52, 55, 57, 61-62, 82, 88-89, 91, 99, 101-102, 114, 116, 126, 133-134, 135, 147
Vérité 8-10, 19, 41-43, 47-48, 69, 73, 78, 88, 93, 96-97, 104, 108-109, 117, 128, 138, 140, 142, 144-146, 153, 155
Vie active/vie contemplative 127

TABLE DES MATIÈRES

AVANT-PROPOS.. 7

LISTE DES ABRÉVIATIONS DES ÉDITIONS LATINES DES ŒUVRES DE THOMAS D'AQUIN 11

LA VIE DE THOMAS D'AQUIN 15

Naissance de Thomas et premières années de formation 15

Le premier enseignement de Thomas à l'Université de Paris 16

Thomas enseignant en Italie : à Orvieto et à Rome 20

Le second enseignement de Thomas à l'Université de Paris .. 26

Le dernier enseignement de Thomas, à Naples, et la fin de sa vie.. 27

LA PENSÉE DE THOMAS D'AQUIN 31

Nature et division de la philosophie 31

Logique – Philosophie spéculative. Physique – Les notions fondamentales de la philosophie de la nature – Philosophie pratique – Métaphysique – Histoire de la pensée

La connaissance humaine... 42

Le désir de connaître – La connaissance sensible – L'abstraction – Intellect possible et intellect agent – Pensée discursive et saisie des principes – Connaissance du singulier et connaissance de soi – Perfection des êtres intelligents

L'homme. Problèmes éthiques 50
 Unité de l'homme – Les puissances de l'âme – Les
 passions et l'amour – Amour de soi – La dimension
 morale des passions – Les vertus. La prudence – Les
 vertus cardinales – La force et la tempérance – La
 justice – Justice commutative – Le bonheur – La
 liberté
Aspects de la pensée politique 63
 L'homme : animal politique – La loi – Le meilleur
 régime – La loi naturelle
Ontologie, métaphysique, théologie philosophique 68
 L'étant – Les catégories – Les transcendantaux –
 Élargissement de l'ontologie – Théologie philo-
 sophique – Preuves de l'existence de Dieu – La
 première voie – Les cinq voies – Les preuves dans la
 Somme contre les Gentils et le *Commentaire de Jean*
 – L'expérience de l'être pensant – L'être même (*ipsum*
 esse) – La triple voie – Connaître et nommer Dieu –
 « Je suis celui qui suis »
Croyance, science, théologie 85
 Nécessité de la théologie – Théologie philosophique
 et *sacra docrina* – La double connaissance de Dieu –
 Nécessité de la révélation – La foi – Foi explicite/
 implicite – Les infidèles – Les limites de la
 connaissance

LES ŒUVRES MAJEURES 93
 De ente et essentia. L'étant et l'essence 93
 Quaestiones disputatae de veritate. Questions disputées
  sur la vérité 96
 Super Boetium De Trinitate. *Sur le* De Trinitate *de Boèce* 103
 Summa contra gentiles. Somme contre les Gentils 108
 Expositio super Iob ad litteram. Commentaire littéral
  de Job 115

*Quaestiones disputatae de potentia. Questions disputées
     sur la puissance* 117
Summa theologiae. Somme de théologie 121
*De regimine principum ad regem Cypri. Le gouvernement
     des princes. Au roi de Chypre* 129
*Quaestiones disputatae de malo. Questions disputées
     sur le mal* 132
Sententia super Physicam. *Commentaire de la* Physique 135
De unitate intellectus. L'unité de l'intellect 139
Expositio libri Peryermeneias. *Commentaire sur le livre
     De l'interprétation* 143
De substantiis separatis. Les substances séparées 147

POSTFACE 151

BIBLIOGRAPHIE 157
     Ouvrages cités 157
     Traductions françaises des œuvres de Thomas d'Aquin 167

INDEX DES NOTIONS 173

TABLE DES MATIÈRES 177

Imprimé en France par CPI
en juin 2016

Dépôt légal : juin 2016
N° d'impression : 135964